实践验证广受赞誉的国家版权谍

完美口才进阶

三极表达力

沈红伟 著

展现更有效 ◆ 影响更有力

| 不敢说 | 说什么 | 怎么说 | 精彩说 |

揭开三大谜底
让你

◆ 从容自信　◆ 掷地有声　◆ 充满魅力　◆

经济管理出版社
ECONOMY & MANAGEMENT PUBLISHING HOUSE

图书在版编目（CIP）数据

完美口才进阶：三极表达力/沈红伟著.—北京：经济管理出版社，2020.7
ISBN 978-7-5096-7263-1

Ⅰ.①完… Ⅱ.①沈… Ⅲ.①演讲—语言艺术 Ⅳ.①H019

中国版本图书馆 CIP 数据核字（2020）第 130375 号

组稿编辑：杨国强
责任编辑：杨国强 张瑞军
责任印制：黄章平
责任校对：王淑卿

出版发行：经济管理出版社
　　　　　（北京市海淀区北蜂窝 8 号中雅大厦 A 座 11 层 100038）
网　　址：www.E-mp.com.cn
电　　话：（010）51915602
印　　刷：三河市延风印装有限公司
经　　销：新华书店
开　　本：720mm×1000mm/16
印　　张：13.75
字　　数：202 千字
版　　次：2020 年 8 月第 1 版 2020 年 8 月第 1 次印刷
书　　号：ISBN 978-7-5096-7263-1
定　　价：48.00 元

三极表达力

引子 现代窘言

前言 有效最重要

第一章 表达力提升法则
- 问问自己决心有多大
- 问问自己练习有多久

第二章 调整自己
- 这风清让人害怕的手掌响
- 想法不要陷进越束缚你多久力
  - 由内而外的表现张弛
  - 三秒环境确定感
    - 接受不完美
    - 剩出出的勇气
    - 全力以赴双方的人少
- 如何释更快更放松
  - 超速紧张表现
  - 三个实用的方法
    - 顺速紧张的节奏
    - 根据准备的方向
- 完成自己精英丰富
  - 上场前让自己进入角色
  - 取用中心让自己记忆的力
    - 调适自我的和谐
    - 充满自信的和谐
    - 取代有体验
    - 忘了自己 装得自己
  - 下场后让自己调整情绪
    - 回顾
    - 下一次
    - 反馈

第四章 激发听众
- 结果生人部种的试验
- 如何让听众快速感受听
  - 建立亲切感
  - 建立亲密感 — 目德伟
  - 让听众接受你的名字
  - 还用心理联结，打开隔阂
- 表达节奏 吸引听众
  - 节奏之美
  - 激发你的节奏
- 有效提问 征服听众
  - 有效提问有结果
  - 支持提问提问
  - 单侧提问成度
  - 回应提问有方法
- 无声道语 感染听众
  - 什么是听众欢受
  - 如何表现出速播情
  - 自我练习：肢体动作
  - 自我练习：亲个眷情
  - 自我练习：语气语调
- 构建身心 震动听众
  - 以听众为方向
  - 运作众介任感
  - 敲预的力量

第三章 设计内容
- 如何创立信任 — 让你的设计成为植载
- 我是谁这么强：陷落风房——确定主题
  - 无法聚焦感
  - 三步走主题
  - 向上提炼
  - 今下聚焦
  - 让主题与众不同
- 如吗一开始就欢受提：系统模块——引起关注
  - 红色模块达——警饰
  - 黄色模块达——兴陷
  - 蓝色模块达——环岛
  - 绿色模块达——吸引
- 如何用文章料：建比优房——有效聚焦
  - 陷象思维对写象思维
  - 陷象思维因忆理性之光
  - 确立一个 真环显析
  - 理解老路 理解标准
  - 如何别拾受无关
  - 东象思维越重要多写力
  - 如可让it不心显示
  - 如何置东乔众中心
  - 如何将自我连生记
  - 如何能清浩试试得通
  - 形象思维的性之图
- 继续照开始
  - 自己理配完约之气：接受礼房——初行动
  - 取心
  - 动情
  - 动容
  - 选择结果源

帮你把问题变成明目课：设计内容模板

我已经实践了这些原则和方法，它让我自身和我的生活发生了彻底的改变，我所得到的一切远远超过了我所期望的。这一刻，我要致力于把它传播出去，让更多人受益。

推荐序

收到邀请，受宠若惊，因为在我看来没有什么比给新书作序更让人高兴的事情了。拿到书稿后，一口气读完。给我最大的感受是：如果用一个词表达，那就是接地气。

全文没有高深的理论，亲和、朴实、谦逊、睿智，这是本书的作者沈红伟老师给我留下的深刻印象，也正是这本书字里行间散发出来的气质，书如其人。

我和沈老师的结缘，是在培经俱乐部。更进一步的了解，是在沈老师《领导力》的课堂上。不论是线上还是线下的分享，征服大家的不仅是他精彩的课程演绎，更有沈老师的个人魅力。在我的印象中，沈老师无论是正式的舞台演讲，还是非正式的面对面沟通，都极富感染力。

书中所写，均为所行。知行合一，实属难得。

有人说，当代职场人必备的两大技能，一个是写作的能力，而另一个就是当众表达的能力，我深以为然。事实上，在我们的生活中，当众表达无处不在：求学时的班干部竞选，面试时的小组讨论的结果呈现，工作后的职位竞聘，行业内的论坛演讲，等等，所有这些都需要当众表达。出色的表达能够让我们更容易获得幸运女神的垂青，同时也会拥有更多实现自我价值的机会。

人才济济，为何是你？

近几年来，我专注于个人品牌的研究与实践，对于这一点颇有感触。身边很多朋友经纶满腹，却因不擅长表达错失了很多让别人了解自己的机会。事实上，每一次准备充分、富有感染力的当众表达，其实都是一次极佳的打造个人品牌和提升职业影响力的机会。而一个有价值的个人品牌，除了具有独特的标签外，有内涵的输出、差异化的专业能力以及良好的口碑同样至关重要。

有内涵的输出，能让别人更容易记住你，更能引起他人的共鸣，也更容易建立起对你个人品牌的信任感，而输出的主要途径就是"写"和"说"。说并不难，但要说好，特别是做到在公众场合也"能说、会说"，的确不是件容易的事。

只有想清楚，才能说明白。很多时候我们表达效果不佳，缺乏基本的演讲表达技巧只是一方面，另一方面，是因为我们的认知深度不够或者准备不足，其中也包括心态的调适。俗话说："台上一分钟，台下十年功"，成就卓越的口才，没有捷径，唯有大量的学习积累和反复练习。有句话说，知识没有用，是因为没有用，知易行难。所以，真正要成为演讲与表达的高手，除了习得书中的方法，后期的刻意练习和实践尤为重要。

当众表达对大多数人来说都极具挑战性，而要写好一本如何提升演讲口才与表达能力的书更是不易。我想，如果不是多年的亲身实践和总结，如果不是对当众表达发自内心的热爱，如果没有一颗真诚、纯粹的助人之心，我们也看不到这样一本充满情怀和温度的书。

如何让展现更有效，让影响更有力，这是每一位渴望成功的人士普遍关心的问题，相信在这本书中您一定能找到自己想要的答案。最后，衷心希望这本倾注了沈老师心血的书，能给大家带来价值。祝愿渴望成功的你，拥有让人羡慕的完美口才，成为人生赢家。

中国培训经理人俱乐部创始人　　**黄　俊**

一道刺眼的强光照向明宇，一只大手抓住明宇的肩膀，直向强光里拎去。明宇本能地想要大喊，却发不出声音。

"呼"的一下，明宇掀开了蒙在头上的被子，大口地喘着粗气，慢慢从梦中回过神来。

明宇窝在又轻又软的蚕丝被里，回忆着梦里的情节，心中暗自思忖："这已经是最近第三次梦到被人追赶了，这究竟是怎么回事呢？"

他不想沉浸在这样的情绪之中，于是，很快就起床了。

"早上好！"随着明宇一声喊，智能声控启动。小巧的音箱开始播放当地的天气预告，电视机自动打开，《早间新闻》主持人亲切的笑容出现在超大屏幕上，电动窗帘缓缓拉开，阳光透过落地窗争相投向屋内。

明宇来到庭院，田园风格的花园，给人以自然、轻快之感，树木、鲜花、蔬菜园都被打理得井井有条，充满了诗情画意。明宇不自觉地抬眼望向不远处的另一个花园，那里的花草同样修剪得非常漂亮，他嘴角掠过一丝微笑。

这种熟悉的感觉是明宇所喜欢的，他仿佛看到了那个穿着蓝色连体工装，拿着大剪刀的年轻人站在庭院里。

他像平时一样，经过简单的活动，就跃进游泳池里游了几个来回，直到感觉有点儿累了，才跳出泳池，回到屋内。

早餐已经照他的吩咐摆在餐桌上了，一份比利时华夫饼，一碗果仁玉米粥，一杯现磨咖啡，

引　子

一枚水煮蛋，两块煎北极深海鳕鱼。妻子到洛杉矶出差，明宇一个人在偌大的餐桌前吃早餐，显得有点孤单，他禁不住又想起了那个奇怪的梦，一个念头突然出现在脑海里："难道是预示着那个时刻到了吗？"

今天司机请了假，明宇自己驾车开过门前的一段林荫路后，上了主干道。由于出门比较早，路上车还不太多，明宇到公司比平时早了许多，他在地下停车场专用车位上泊好车，没有急着下车，后视镜里映出他那张英俊略显削瘦的脸，经过生活的磨砺更显坚毅成熟，眼神中透露出难掩的自信。这个人就是世人眼中的成功人士，事业如日中天，是一家世界100强中国区公司中最年轻的高管，拥有令人羡慕的婚姻，他与妻子彼此相爱，享受着幸福的人生。

此时，明宇看着后视镜中的自己却仿佛看着另一个人。

明宇计算了一下时间，拨通了妻子的手机。

"喂，明宇。"听到妻子温柔的声音，明宇心中不由得一动。

"安妮——"明宇刚叫一声妻子的名字，还没来得及问候，电话那端已经兴高采烈地说开了。

"我正想着要给你打电话呢，你的电话就过来了，你知道吗？我一点都没有时差的困扰，一天就适应了。"明宇在妻子面前总是一个很好的倾听者。"我们的事情进展得很顺利，明天召开会议，就可以讨论实质性的问题了。我现在正好可以看到圣莫妮卡海滩，人好多啊！真希望你能在我身边……"

"我也是，希望能在你身边。"明宇发自真心地说道："你总是能猜到我想知道什么。"

"那当然。"安妮很得意，接着说："我顺便向罗伯特教授咨询了你最近睡眠不好的问题，没有征得你的同意，你不会怪我吧？"

"怎么会怪你呢？"明宇略带调皮地答道："感谢你还来不及呢。罗伯特教授怎么说？"

安妮学着罗伯特教授粗声粗气的声音说："这是个有心事的男人。"说完，咯咯地笑了起来。"他说你不该给自己太大的压力。"

"嗯，他说的是对的。"明宇边说边下了车向电梯的方向走去。

安妮郑重其事地说道："我看，你应该早点做个决定了。"

明宇知道安妮说的决定是什么意思。在一个月前，L公司给出了极具诱惑力的条件邀请他加入，他始终未直接答复。恰巧此时，公司决定派他到欧洲总部进修，而按照公司的惯例，回来后他一定会升职，进入公司核心管理层。

安妮继续说道："我了解你，你并不是一个斤斤计较的人，其实，这两个都是很好的机会，你选A还是选B都不错，你何必如此纠结呢？"

明宇沉默了一会儿，脑海里闪出一句话：放下即是拥有，付出即是得到。

于是，他简短地说："因为我想选C。"

这回轮到安妮沉默了。

过了一会儿，安妮说："无论你做什么决定，我都支持你。我爱你。"

"我知道那个时刻来临了。我也爱你。"明宇坚定地说。

明宇喜欢踩在厚厚的地毯上的感觉，柔软又悄无声息，仿佛是一只雄狮信步在宽广的草原上。走进自己宽敞的办公室，明宇习惯地向窗外望了一会儿，对面的广场上，正有一个妇人半蹲着边拍手边后退，吸引着她面前蹒跚学步的小男孩向前走。他感受着这座古老大都市的勃勃生机，莫名地有一种渴望在明宇的内心不断地升腾。远方的太阳已经越升越高了。

明宇拨通了L公司的电话有礼而坚定地回绝了对方的邀请。然后，在办公桌上摆好信纸，拿出万宝龙钢笔，飞快地写满了一页纸，慢慢地叠好装进信封，在信封上一笔一画地写下三个字"辞职信"。他把信封插进西服内袋，绕过办公桌，阔步离开办公室，朝总裁的办公室走去。

当明宇回到办公室时，眼前还浮现着总裁满脸不解、遗憾、挽留的神情。明宇环顾四周，他知道他将放弃这里的一切，离开这里。

明宇心想："结束意味着开始。"

明宇打开银灰色超薄笔记本电脑，输入密码，找到文档《完美口才进阶——三极表达力》，点开后，第一页上端的那句话映入眼帘——

当某一时刻到来，就是你践行使命之时。

引子

这句话他不知道已经看过多少遍了，但是，今天读这句话时，明宇一阵激动，他豁然开朗，他知道那一刻即将到来了，来自于他的内心。

窗外缥缈地传来一首蓝调歌曲：

我们将再次见面

在夏日让人愉快的每一天

去经历明亮鲜明的一切

……

当夜晚渐渐来临

我看着那月亮

然后我们将再次见面

随着舒缓的旋律，明宇的思绪回到了那个终生难忘的夏日……

明宇穿着蓝色的连裤工装，一只手拎着大剪刀，直起腰在庭院里迎着阳光站了一会儿，这是一座别墅花园，田园风格给人以自然、轻快之感，树木、鲜花、蔬菜园都被打理得井井有条，充满了诗情画意。明宇不自觉地抬眼望向山坡不远处的另一个花园，那里的花草同样被修剪得非常漂亮，他嘴角掠过一丝微笑。

明宇离开他出生的北方小镇，来到这座繁华的大都市。他的家庭条件并不富裕，在上学期间，他就开始勤工俭学，凭着暑期在家乡务过农的经验加上自己的勤奋，在参加了一个短期培训后，他找到了现在这个打理别墅花园的工作。他主要负责扫除杂草、清洗池塘、修剪枯枝、抹净叶片等工作。严格地说，并不能称其为园丁，他更多的是干一些杂活。但是，明宇干得很认真，随着越来越熟练，他已经能很好地做一些施肥、灌溉、除虫、灭蚊等活计了。他的勤快得到了回报，从开始只有一家雇用他，到现在，已经有了三家雇用他了。因为都是用周末的时间，明宇每月来这里的次数要比以前多了，虽然忙碌，但收入的增加让明宇很开心。

明宇收拾好工具，走过一条小径，在一处隐秘的灌木丛里钻出来，绕过围栏，刚好来到许教授家的花园。他拿出手机，看了看时间，向门廊走去，许教授正在那里等他。

这是个半开放式的欧式门廊，延伸出来的蓝色屋顶，几根白色的立柱，雕花的扶手栏杆，原色的木质地板，暗纹石板铺成的台阶，错落的几个沙发，围在茶几的旁边，构成了一个简洁明快的空间。许教授正坐在沙发上喝着茶，显得悠闲自在，他中等身材，略微发胖，头发斑白，精神矍铄。看到明宇的身影，他放下茶杯，站了起来，轻轻地扶了一下眼镜，饶有兴致地观察着这个越走越近的年轻人。

明宇走到台阶下，立在那里："许教授，您找我？"

在这片别墅区里，许教授是第一个雇用他的人，对这一点，明宇始终心存感激。

许教授迅速从观察的神态中抽离出来，招呼明宇说："来，来，到这边坐。"

明宇犹豫了一下，放下手中的工具，踏上台阶，来到门廊里，站在茶几旁，略微有些拘谨。

许教授请明宇坐下，给他倒了一杯茶，从茶几的下面拿出一个信封，推到明宇的面前，示意他打开。

明宇在衣服上擦了擦手，拎起信封，打开一看，里面是一沓钱。

明宇用疑惑的神情看着许教授。

许教授说："这是别人要我转交给你的。"

明宇更加不解。

许教授喝了一口茶说："我们旁边的这家原来住着一对老夫妇，前年老爷子得了重病住进了医院，出院后就到儿子那里去了，这里一直空着。前些日子，他们的儿子到这里来收拾东西，惊奇地发现屋子里布满灰尘，庭院花园却干干净净，灌木花草长势良好，护理得也很漂亮。"许教授停了一下，继续说道："他们的儿子偶然看到你在帮他们打理花园，是你吗？"

明宇点了点头，马上解释道："可是，我每次都是把这边的工作全部完成后才去的。"

许教授笑着说："他们的儿子以为是我要你去做的，专门过来感谢我。直到那时，我们才知道是你默默地做了好事。所以，他们委托我转达对你

引
子

005

的感谢。"

明宇轻轻地把信封放在茶几上说："我不能要。我只是不想那些树木花草因不护理而荒芜死掉。"明宇朴实地说："对我来说，这是举手之劳。"

许教授有些诧异，侧着头看着明宇说："付出就应该有回报，这是你应得的。"

明宇说："谢谢你许教授。我没觉得是付出，我乐在其中，我能欣赏到重新变得漂亮起来的花园，就是对我的回报。"

许教授点了点头，认真地看着眼前这个年轻人。

明宇顿了顿，低着头说："刚好我也要跟您说一件事，我想请您尽快找人接替我的工作，过一段时间，就不能再来这里工作了。"

许教授忙问："为什么？"

"我毕业后找到了一份工作，在这里就变成了我的兼职，我感觉还不错，毕竟有两份收入，而且这里我已经做得游刃有余了。可是，最近我有了新的打算。"明宇说到新的打算时，抬起了头。

许教授忍不住问道："你有什么新的打算呢？能跟我说说吗？"

"我想要更快发展。"明宇在更快两个字上加重了语气："所以，我申请从售后服务部调到了市场部，只要做得好，市场部升职是最快的。"

许教授对这个小伙子越来越有兴趣了，向前探了探身子问道："你为什么突然想更快地发展呢？"

明宇眼睛闪着光亮却害羞地说："因为，因为……我，我喜欢上了安妮。"

许教授不知道谁是安妮，但他能理解明宇此时的感受，他微笑着说："哦，是爱情的力量，让你迸发了强烈的上进心。"

明宇有些不好意思，连忙转换话题："我调到市场部以后才发现，挑战还是蛮大的，对我来说，最大的挑战就是经常要在很多人面前说话，比如，产品介绍会、市场推广会、项目进展汇报等，我总是紧张得不得了，很多时候都不知道怎么说才好。所以，我要投入更多的时间和精力才行。"

许教授笑呵呵地调侃道说："是啊。对于一个喜欢与花草树木打交道的人，突然面对一大群人，是不太会适应。"

明宇说："是的。很不适应。"

许教授慢慢说道："你要让一群人愿意听你讲，相信你讲的，并发生改变，挑战是很大的，实质上，你是在影响他们，通过你的表达影响他们。"

明宇不住地点头。

"你看这院子里的花草、菜园，那边花园里的树木、池塘。"许教授边说边用手指向远处："你可以侍弄得如此之好。为什么？因为你掌握了这方面的规律和技术。当众表达也一样，只要你掌握了它的规律和技术，你也会做得很好。"

明宇兴奋地说："许教授，我能跟您学习怎么当众表达吗？您能教教我吗？"

许教授看着明宇期待的眼神，不无遗憾地说："本来我们是可以交流交流的，可是，我明天就要出国，要很长一段时间才能回来。"

明宇觉得自己有点冒失，赶忙说："您放心，我会在这里再做一段时间的，直到你们找到能接替我工作的人。"

许教授低头看了看茶几上的信封，拍拍明宇的肩膀，一语双关地说道："我尊重你的选择。"

明宇真诚地说："谢谢您！"起身告辞。他走到台阶下，拾起工具，向仓库方向走去。

许教授注视着明宇离去的背影，直到明宇转过一个弯，被树丛挡住。他扶了扶眼镜，若有所思。

第二天一早，明宇就接到许教授的电话。

"你真的决心想学习如何当众表达吗？"

……

"我们两个小时后机场见。"

明宇匆匆赶到候机楼国际出发大厅，看到许教授握着登机牌举过头顶正向他招手。两个人找了一家星巴克坐了下来。

许教授开门见山："明宇，当众表达是一种技能，这种技能将改变你的人生，从被动人生变成主动人生。你将成为一个极具影响力的人。"

引子

明宇瞪大眼睛，仿佛要把澄澈的眼睛里的渴望全部呈现出来。

"你应该有所耳闻，我主要做的事就是当众表达，在大学上课、交流讲学、受邀演讲、电视节目嘉宾……我是一个靠当众表达吃饭的人。"许教授笑着说。

"我知道，我知道，我经常在电视上看到您。我和我的许多同事都是您的铁杆粉丝呢，我特别希望能够成为像您这样受欢迎的人……"明宇开心地说。

"我只是想告诉你，我有许多实践经验，也许可以帮助到你。"许教授打断明宇说："我曾经和你一样非常害怕当众表达，却又不得不当众表达，于是，一次次失败，让我内心充满了挫败感，甚至开始怀疑自己，准备放弃，直到遇到我的老师，他教导我，只要掌握一个原则，处理好三个方面，就可以做好当众表达。"许教授放慢语速："最重要的原则——听众受益原则。你必须做到三个方面。第一，调整自己；第二，设计内容；第三，激发听众。"

明宇小声重复道："听众受益原则。第一，调整自己；第二，设计内容；第三，激发听众。"

许教授继续说道："他告诉我一些原则和方法，于是，我开始练习与实践。正如你侍弄花草树木一样，慢慢地，我掌握了其中的规律。你相信吗？我能，你也能。"

"我能，你也能。"明宇再次小声重复着。

大厅里飘荡着播报航班信息的声音，让明宇意识到自己是在什么地方。

"可是，可是……"明宇一副欲言又止的样子。

许教授接过明宇的话头："可是，可是，我马上就要离开了呀？"

明宇点点头。

许教授坚定地说："你可以自己学。"

"自己学？"明宇疑惑地看着许教授。

"这就是我今天叫你来的原因。"许教授从包里拿出一个红色的小盒子，上面雕刻着精美的仿古夔凤纹图案。他从桌面上把小盒子推到明宇眼前："打开它。"

明宇轻轻地打开盒子，只见里面静静地躺着一个 U 盘。

"这里面保存着一个文档，是我这几年总结的当众表达方面的实践经验和心得。只要你认真学习和实践这里面的原则和方法，它一定能改变你及你的生活。我要把它送给你。"

明宇激动地说："我该怎样感谢您呢？"

许教授说："你不用感谢我，是你的淳朴、上进心、利他精神、热爱学习，打动了我，你应该得到它。不过，我有两条件！"

明宇说："您说。"

"第一，学习后，实践并整理你的心得，丰富它、完善它。"

"这是一定的。"明宇自信地说。

"第二，当你觉得某一时刻到来时，你要承担起一个使命。"

"什么使命？"

"这个使命是你自己赋予自己的，你自己才知道。只有一个要求——不为己、只利他。"

许教授站起身，明宇也跟着站了起来。许教授拿过桌面上的盒子，盖上盒盖，一只手抓过明宇的右手，许教授把盒子放在明宇的掌心里，又用双手拢住明宇的右手，用力握了握。然后，拉起皮箱，大步向贵宾通道走去。

明宇一直送到隔离带的边缘，站在那里看着许教授即将通过安检，许教授转过身来，对他大声说："爱要说出口，祝你和安妮幸福！"

明宇的眼睛湿润了，眼前模糊起来……

明宇擦干眼泪，目光再次投向电脑屏幕上的那句话：

当某一时刻到来，就是你践行使命之时。

他想了想，在这句话的下面敲下了一段文字：

我已经实践了这些原则和方法，它让我自身和我的生活发生了彻底的改变，我所得到的一切远远超过了我所期望的。这一刻，我要致力于把它传播出去，让更多人受益。

引
子

前言
有效最重要

让我来猜一猜，你之所以对这本书感兴趣，也许是因为你已经意识到表达力对我们的人生有多么重要，口才之于成功有多么重要，你渴望成为一个有影响力的人；也许是因为你有机会，甚至有很多机会，要去当众表达，而这对你来说是一个不小的挑战。

我去参加一个婚礼，看到典礼前，主持人正在安慰新郎和新娘："不用紧张，不用紧张，只要把准备好的话正常讲出来就行了。"

"我知道，我知道，可是这么多人，我太紧张了，我怕讲不好！"

几天前，我的一位朋友给我打电话说，他被邀请参加一个商务会议，要他代表嘉宾上台做一个简短的发言。他说，你做培训已经20年了，在众人面前表达就是你的日常工作，能告诉我："我在台上该说点什么好呢？"

刚刚工作不久的小张，报名参加了演讲比赛，演讲稿已经修改了几次了，仍然觉得不满意，又不知哪里出了问题。把稿子背下来，对着镜子练习，却越来越不自信。

我给一个企业做培训，这家公司的李总请我吃饭，一干人等在酒桌上相言甚欢，李总谈笑风生，推杯换盏，往来自如，让人印象深刻。第二天，李总在培训前对着一百多人讲话，听来味同嚼蜡，听众木然。与昨日相比，李总仿佛换了一个人。后来的交往中，李总跟我说，他在非正式场合下或几个人的正式场合下都能表达自如，一旦在很多人面前表达，就会非常不自在。

一位老师很诚恳地向我请教，为什么同样的课程，有的老师在课堂上妙语连珠、学生全神贯注，而有的老师在课堂上却是索然无味、学生瞌睡连连呢？

在飞机上，我邻座的一位先生跟我聊起他好不容易见到几位投资人，却因为准备不充分，没有表达清楚，遗憾地与一次商业机会擦肩而过。

……

我们因为各种各样的原因需要当众表达，同时很多时候因为各种各样的原因没有达到预期效果。

坦白地说，没有达到预期效果的当众表达是无效的，浪费了你自己和听众的时间，当众表达最大的成本就是时间成本。当众表达者讲了 2 个小时，表面看，如果表达无效，则是浪费了 2 个小时。实际上，假如听众是100 人，浪费的是每个人的 2 小时，即 200 小时。

无效表达分为三个层面。

第一个层面是表达不出，因为我们害怕、紧张导致发挥失常。

第二个层面是表达不清，因为主题不明、内容混乱导致听不懂。

第三个层面是表达枯燥，因为缺乏活力、语言乏味导致不爱听。

有效表达只有一个标准：大家听你的了。

大家听你的了又分为两个层面。第一个层面是听众听了，听众能够集中注意力听你表达；第二个层面是听众做了，听众按你说的去做了。我们不仅追求第一个层面，更希望达到第二个层面。当众表达达到第二个层面时，我们就影响了听众，我们就创造了影响力。

所以，当众表达有效最重要。

当众表达有三个关键要素，表达的人、表达的内容、听的人。简单点说就是，自己、内容和听众，三者同时存在才能构成当众表达。人们把地球上的南极、北极和珠穆朗玛峰合称为"世界三极"。我们把自己、内容、听众合称为"表达力的三极"。如果我们能够在一次当众表达中让自己、内容、听众这三极都处于极佳水平，有机融合，就可以得到一次美好的当众表达。无论是马丁·路德金对着 25 万渴望自由平等的美国人讲《我有一个梦想》，还是北京大学教授饶毅在毕业典礼上短短535个字的《做自己尊重的人》，或是一次产品发布会上的展示，又或是我们在公司会议上的一次工作汇报……都是如此。这就是说，如果我们能够掌握处理好自己、内容、听众的技能，就掌握了展现更有效、影响更有力的秘诀了。

因此，我们要提高的是如何调整自己，如何设计内容，如何激发听众这三个方面的能力，即三极表达力。

我有一个哥们儿姓牛，他本人也很牛，30出头就管理着上千人规模的公司，他说过一句话："人的嘴巴有两大功能，一个是吃饭，一个是说话。你说什么话，决定了你吃什么饭。"

深以为然！

目 录
Contents

第一章 表达力提升法则

我有一个苹果，你也有一个苹果，假如我们互相交换的话，我们各自还是都有一个苹果；但如果你有一种思想，我也有一种思想，我们再进行交换的时候，我们就会各自同时拥有两种思想。

——萧伯纳

问问自己决心有多大

那是一个下午，我坐在明显偏大、偏高的椅子上，身体向前倾斜，不愿靠在椅背上，害怕陷入椅子后部，两只脚离开了地面悬在空中，开始还来回荡两下，不知什么时候已经僵在那里不动了。

再过几分钟，台上的人讲完，将由我来面对坐满会场的人，讲我觉得已经准备得很充分的内容。

主持人高亢的声音透过我座位旁边的音箱传出来，喊了我的名字。

我走上台，接过麦克风，开始说话："大家好……"我看到无数双期待的眼神伴着刺眼的灯光一起向我投射过来，我听到了我的心跳声，我的胃感到一阵阵发紧，我努力控制自己，努力回想准备的内容，并努力地说着。渐渐地，我看到人们的眼神开始游移，有人已经拿出手机翻看着什么，有人开始闭目养神，甚至有人离开了座位。

我眼睛的余光扫到窗外的天空，一大块乌云正由南向北压了过来。

我觉得我已经 hold 不住了，一股失败的气息扑面而来。

这是一次糟糕的当众表达，至少没有人会认为这是一次成功的当众表达。只有我妈妈，她跟我说："你讲得真棒啊！"我心里感到一股暖流，紧接着脑海中飘过一句话，"庄稼都是别人的好，孩子都是自己的好"。

我沮丧地说："我把事情搞砸了，看来我不适合在这么多人面前表达。"

过了好几年我才知道这句话有多么的可怕，轻易地给自己定了性，贴了标签，就像商场里商品上的标签，是什么，多少钱，都写在上面。人不是商品，如果给人贴上"你就是什么或你就不会什么"的标签，等于是在一个人成长的路上堵住了诸多的可能性！

我们有权利放弃很多东西，唯一不应该放弃的就是我们自己。

妈妈说："在你还不到一岁时，只有这么高。"她用手从地面往上抬高，又放下一点，比了一下。"你摇摇晃晃想走路，刚一抬腿就啪的摔倒在地，哇哇大哭起来，你觉得此时我应该怎么做？"

我说："或者把我扶起来，或者哄我、安慰我，或者让我自己爬起来。"

妈妈说："是的，父母面对此情此景，可能会有各种各样做法，但是全天下所有的父母绝不会这样做，孩子你看学走路摔倒了多疼啊，干脆爸爸妈妈给你买个轮椅吧，咱以后就不走路了，坐轮椅多好。"

当我们想："我天生就不适合当众表达"时，就已经把自己放在了"轮椅"上，就已经将自己面前平坦的百米跑道变成了 110 米栏的跑道了，并且在起跑线上挖了一个大坑，我们坐在坑中仰望蓝天，看白云悠悠地飘过，一朵，又一朵……

你可曾留意过，小孩子很少想行不行，小孩子只知带着好奇不断尝试探索！

我们从不会到会，需要探索，探索决定未来！

这个世界上有许多当众表达的方法和技巧，我们当然有机会学到许多当众表达的方法和技巧。但是，这些方法和技巧不会自动帮助我们变成一个当众表达的高手，决定我们是否能够成为富有感染力、受人欢迎的当众表达高手的，是我们的意愿，无论遇到什么困难都要成为当众表达高手的坚定决心！

成为卓越的当众表达者第一法则：强烈地提升当众表达能力的决心。

如果用 1~10 分表示你提升当众表达能力的决心，1 分代表没有提升的意愿，无所谓。10 分代表极其强烈的决心，不提高、毋宁死（见图 1-1）。

1	2	3	4	5	6	7	8	9	10

图 1-1　分数线

现在，你来问问自己，你会给自己打几分呢？

如果你的分数是 1 分，你千万不要读本书，因为读了也没用。如果你的分数是 10 分，你也不要读本书，因为不用读你就能提高。

问问自己练习有多久

你想过一个问题吗？世界上会打篮球的大约有 3 亿人，其中，打得最好的大约有 1000 人，他们从 3 亿人中脱颖而出，因为，他们掌握了打好篮球的有效技能，看他们打球是一种享受，人们会花时间、花钱去看他们打球。

你也知道，世界上会说话的人有多少，几乎人人会说话，人们为什么愿意花时间，甚至花钱来听你表达呢？你只有掌握当众表达的有效技能，给人们带来帮助，人们才愿意听你的。

事实是，能够在众人面前表达好是一种技能，就像打篮球一样，是一种可以通过发现不足，分析原因，学习方法，经过练习可以提高的技能。

我邀请你做个填空题，请将一个合适的词填在横线上，组成一句名言。

知识就是＿＿＿＿＿＿＿＿＿＿。

对，并不难。你答对了。

知识就是　力量　。

你甚至能说出这句话的出处：弗兰西斯·培根（Francis Bacon），英国哲学家，经验主义哲学的奠基人。"知识就是力量"这句经典名言就是培根说的。

那么，你想过吗？究竟知识是怎样产生力量的呢？

我们从小学到大学，学习的知识可谓不计其数，如果把课本摞起来，绝对会超过我们的身高。然而，毕业若干年后，其中大部分我们都已经忘记。比如，我们在上学时背了许多的数学公式，毕业后你确信还能记住的公式还有多少？估计没有几个了吧。

还真有例外，有一次我问了听众这个问题："你们中学时曾经记得滚瓜烂熟的数学公式现在还都记得吗？"当大家都面露难色时，一个人慢慢地举手表示都记得，我将信将疑地当场让他背背看，果然一个接一个很熟练地背出来了。

我忍不住打断他，问："你是做什么工作的？"

他说："我是数学老师。"

我："……"

知识唯有应用才会产生力量，这位数学老师用于教学，就产生了力量。这些数学公式曾经帮助我们通过考试，但对现在的我们而言只是纯粹的知识，没有让我们产生力量，并且遗忘。假如我们运用浮力公式设计出一艘船或运用流体力学造出一辆阻力更小、速度更快的跑车，那么我们就把知识应用了，就产生了力量。知识只有经过转化与应用才能产生力量，否则知识只能是储存的信息。

知识经过转化应用的基本形式就是变为技能，技能就可以持续地产生力量。

对个人来说，一旦运用知识掌握了一个技能就很难忘记，你学会了骑自行车，过了几年都没机会骑自行车，突然有一天，你想体验一下共享单车，刚开始你还会有一点生疏，骑上去歪歪扭扭，很快地你就可以骑得很自如了。

很显然，当众表达是一项技能。掌握它你将终身受益，并终生难忘。

那么，技能如何获得呢？

技能 = 知识 + 练习

知识很容易忘记，这也是为什么我们读过许多当众表达、演讲方面的书籍，却提高不多的原因所在。但是，经过了刻意练习，效果就大不一样了。

回忆一下你学习一项技能的过程。我们以学习游泳为例，我们先要了解一些基本原则和原理，然后在岸上学一些分解技术动作，会看一些标准示范，关键是我们要克服怕水的恐惧，到水里去练习，反复地练习，直至学会，终生不忘。

学习当众表达也是如此。

牢记：当众表达是一项技能。

本书不仅告诉你"是什么"，还会告诉你"为什么"，更会告诉你"怎么做"。所以，你在读本书时，最好握一支笔，标注出你可以练习的部分，并且去刻意练习。

子曰：闻之我也野，视之我也饶，行之我也明。

蒙台梭利说过："我听过了，我就忘了；我看见了，我就记得了；我做过了，我就理解了。"

东西方文化在这件事情上的看法很一致！

成为卓越当众表达者的第二法则：当众表达是一项技能，通过不断学习、练习人人都可获得。

第二章　调整自己

> 我们唯一害怕的是害怕本身——这种难以名状、失去理智和毫无道理的恐惧，把人转退为进所需的种种努力化为泡影。

——富兰克林·罗斯福

这真是让人害怕的事情吗

我见过很多人当众表达时的窘境，于是，我被问及最多的问题就是："我如何才能做到像你一样在听众面前表现自如呢？"通常情况下，我不会直接回答他们的问题，我会问他们三个问题。

如果你曾亲身经历过不成功的当众表达，现在我"残忍"地请你回忆一下那个过程，我们可以通过回忆来进行一次探索。

别着急，慢一点，请认真地回忆一下。

回忆完了吗？

好，往下看吧。

下面就是我问他们的三个问题，现在请你回答这三个问题。

第一个问题：你当时的感觉和感受是怎样的？

第二个问题：你当时脑海中在想些什么？

第三个问题：你觉得为什么有这样的感受和想法？

我指导过大量的想要提高当众表达能力的人，在具体的指导实践中，我常常要求被指导者当众做一次即兴表达，讲完后我就会请他们回答以上三个问题。

我得到最多的答案是什么呢？

对！你猜对了。

——害怕、紧张、脑子空白！

在大卫·沃伦斯基所著的《*The Book of Lists*》一书中有一份和当众表达害怕紧张有关的列表，名列榜首的正是当众演讲。

这是一份随机调查了 3000 个美国人："你最害怕什么？"得到的清单。这不是很有趣吗？排名第一的是当众演讲，这表明大多数人最害怕这件事。虽然我对当众演讲排在第一有些意外，但对它是人们最害怕的事之一而深信不疑。

著名学者费孝通先生曾专门研究对比了美国文化与中国文化、东方文明与西方文明的差异。费孝通先生告诉我们，多数美国人有激情、独立、实际、进取、乐观、敢于冒险、渴望成功、爱慕虚荣和贪婪冒进的性格，而他们最害怕的事情居然是当众演讲。

我们简直无法想象相对于更内敛、更含蓄、更不愿先出头的中国人，害怕当众表达要到什么程度呢？

有一次我找到一位成绩很突出的同事，想请他在大会上做个分享。他一再推脱，我一再邀请，逼得他最后对我说："要么你杀了我吧！"我哈哈大笑，他一脸无辜。

对有的人来说，就是宁愿死，也不愿当众表达。这意味着他们对当众表达想想都害怕，而且害怕得要命，怎么会不紧张呢？

我一般会对他们说，只要不死就得讲。

如果你正在为害怕当众表达而苦恼，你发现你并不孤单。正如那首歌唱的："一样的泪，一样的痛，曾经的苦难，我们留在心中……"

中国有盲人 600 万~700 万人。说实话，我没想到中国会有这么多的盲人，每 200 个中国人就有 1 个是盲人。平时，我们几乎见不到盲人，除非你到盲人按摩诊所或你就是从事和盲人相关的工作。比较合理的解释是他们很少到公共场所，人群聚集处更是他们避之不及的地方。

如果中国盲人协会邀请你去参加他们的活动，对着盲人表达，你是不是能不那么害怕？我用亲身经历告诉你，确实没那么害怕了，因为毕竟他们看不到。

然而，你在当众表达时，听众不仅在听你讲，而且都瞪着明亮的眼睛看着你："让我把这纷扰看个清清楚楚、明明白白、真真切切……"你无处可藏，被看得生无可恋。

你准备一场当众表达，在去之前你一定会考虑要穿什么服装，什么鞋子，梳什么样的发型……因为你要成为焦点，成为所有目光投射的对象，说得明白一点就是，你要做一次"展示"。

这对许多人来说不是一个好消息，它让我们想起一个词——众目睽睽。

我们来做个填词游戏。在空格处填上合适的词，组成句子。

众目睽睽之下，_____。

你会填什么，我们通常会跟另外一个词：居然或竟然。众目睽睽之下他居然如何如何。"如何如何"就不是什么好事了。

这就是很多人当众表达时害怕、紧张的主要原因。

然而，事情并非仅仅如此而已。

我们再来看看科学研究怎么说的，有一份清单是《科学美国人》杂志评选出的人类最害怕的十大事物。包括蛇、蜘蛛、电梯、陌生人、高度、黑暗、雷和闪电、飞行、狗、牙医等。

经常有人跟我说，他们还有更害怕的东西，比如老鼠、青蛙、软体虫子等。严格来说，这份清单中只有"陌生人"，与当众表达有直接的相关性，我们要面对一大群陌生人展示自己。

当众表达时遇到蛇、蜘蛛等的情况几乎不能，你在非洲部落里，在空旷的原野里对着一群酋长演讲，倒是有很大概率遇到蛇或蜘蛛之类的小动物。你在晚上演讲又遇上突然停电，那么黑暗就降临了。会有狗冲上台吗？听众中有牙医的可能性倒是有的，不过他不会拿着牙钻冲你来。

如果我们仔细看这份清单会发现，害怕是因为人们过往不安全的经验，在面对触发物时的情绪体现。这种不安全的经验一是来自于本人直接经验，如牙医、狗、雷电、黑暗、电梯、陌生人；二是来自于远古基因遗传至今，如蛇、蜘蛛；三是来自于外部信息形成，如飞行、高度。

这么看来，人生中害怕的事情还真是多种多样。

有人害怕蛇、有人害怕蜘蛛、有人害怕黑……当然也有人不怕蛇、不怕蜘蛛、不怕黑……那么，害怕究竟来源于什么呢？

害怕来源于未知或误解。

未知让人们向龙王求雨，已知让人们可以预报天气。

让几个害怕老鼠害怕得要命的女人进入空房间里，随后，放进一只老鼠，几个女人吓得对着老鼠大声尖叫，你猜结果会怎样？大概率是最后老鼠被吓死了，几个女人倒是安然无恙。

我们怕某种事物并不取决于这个事物本身，关键是我们自己，问题不在于事物是什么，而在于我们如何诠释这个事物。我们所经历的过往，从中获取了什么样的意义和能量，对于以后生活中遇到的同类事件，我们是如何理解的。

我们破除害怕的有效办法就是面对它，拆穿它，然后认识它。

想要不害怕、不紧张，我们先要搞清楚害怕、紧张是怎么回事，才能有效地管理它。

我问过大量接受指导的想要提升表达力的人，当众表达时究竟怕什么呢？

答案可以归结为：

● 害怕做错；

● 害怕丢脸；

● 害怕不被听众接受。

这就是很多人当众表达时的状态，这三个想法在他们的思想里作怪，不断地被放大，最后导致表现失常，失去机会。

回顾一下：

● 当众表达害怕的主要原因是众目睽睽之下；

● 大多数人在当众表达时害怕做错、丢脸、不被接受。

越说不紧张就越紧张怎么办

我相信，在你既往的被指导的过程中，一定有人告诉过你："你不用怕，真的不用怕，千万别紧张……"

结果怎样呢？

现在，我们来做个小游戏。请你告诉自己："千万别想大象，千万别想大象。"

现在你脑海中出现了什么动物？

——大象。

这就是著名的语言和认知科学家乔治·莱考夫（George Lakoff）曾在课堂上做的一个测试，他要求学生不要去想大象，想什么都可以，就不能想大象。

结果怎样呢？没有一个学生的脑海里能够不出现大象这个词构建的框架：长长的鼻子、宽大的耳朵、粗壮的大腿、圆大的身体，甚至马戏团表演。

所以，当别人或你告诉自己，千万别紧张、千万别紧张时，结果就可想而知了。

当众表达时，越告诉自己不要怕，就越害怕，越告诉自己别紧张，就越紧张。这不是个好办法！

由内而外的表现自如

我们看一个人，能看到他的行为、听到他说的话，看不到他的感受，看不到他在想什么。如图 2-1 所示。

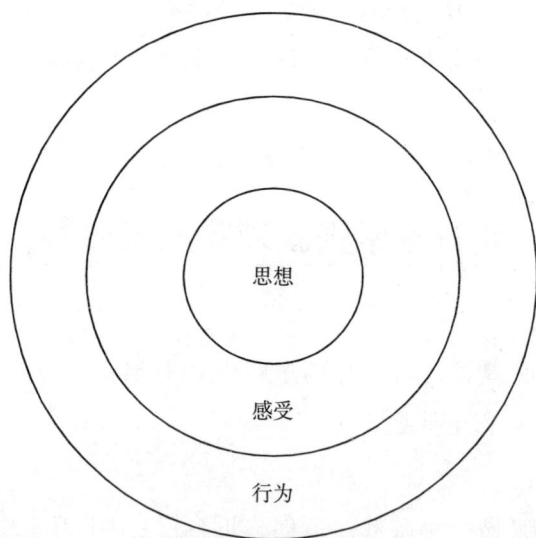

图 2-1　思想与行为的关系

因为一个人的行为、动作、表情在最外圈，中间的是人的感受、情绪，最内圈的是人的想法、思想、内心活动。

外面的是别人直接能看到的，里面的是别人不能直接看到的。

有个电视节目叫《非常了得》，这个节目的规则是，有 8 位写着不同身份但不知真假的人站在台上，然后一个个女嘉宾分别上台，通过 90 秒的问话，来辨别对方的身份是真是假。值得注意的是，在现场有一位微表情专家可以为女嘉宾提供判断上的帮助，这位专家研究的领域就是通过人的细微动作、表情来判断这人内心真实的想法。

你看，这个世界上还有这样一个专门的领域，他们研究判断的基础就是图 2-1 所展示的，通过最外边的行为表现，判断最里边的思想。

也就是说，一个人真实的思想影响着自己的行为。

面对一件事物，我们有什么样的思想会直接影响到我们有什么样的感受，而这种感受又直接影响我们采取什么样的行动。举个例子，如果你认为蛇很危险会置人于死地（思想），你见到蛇就会害怕（感受），你采取的行动就是立即逃跑（行为）。你是个印度的要蛇人，假如你的内心自信地认为可以控制蛇（思想），看到蛇你就不会惊慌而能保持镇静（感受），行动上敢去训练蛇（行为），进而自如地吹着笛子进行耍蛇表演了。

同样，你在当众表达时内心里想的是会做错、丢脸、不被听众接受，你的感受就会很害怕、很紧张，就导致行为上慌乱、忘词、手足无措、自说自话了。还有的人在当众表达时，总想着我一定要怎样怎样，比如，一定取得第一名，一定要做最完美的呈现等。在当众表达的技能并未达到，思想和行为不一致时，感受上压力就来了，而这个压力不但没变成动力反而成了一场灾难的来源。

可见，要有好的自我展示，先要有正确的思想，再处理好感受情绪，表现行为也就会好起来了。

我女儿养过一只侏儒兔，遗憾的是养了不久兔子就死掉了，女儿为此很难过。我劝她接受现实忘掉已经死掉的兔子，结果她仍然会不自觉地想起那只侏儒兔。于是，我又为她买了一只荷兰兔。她很快就和这只荷兰兔愉快地相处，变得开心起来了。

我以前的同事小孟，跟女朋友分手后，一直郁郁寡欢，做事也提不起精神，一度非常痛苦，直到他又交了新的女朋友后，才又有了活力。走出一段失恋痛苦最有效的方法是开始一段新的恋情。

一块地上长满荒草，拔掉荒草，第二年仍会长出荒草来，烧掉荒草，第二年还会长出荒草来。有什么好办法除掉荒草吗？最好的办法是在这块地上种上庄稼。

即使我告诉你再多遍不要害怕，努力克服紧张，也不如用新的正确思想替换旧的错误的思想。这不就是所谓的成长吗？

那么，我们应该建立什么正确的思想呢？

三种正确的思想

在当众表达培训时，我会请学员进行当众表达的练习，每次练习结束时，我都会要求他们填写带有开放式问题的回馈问卷。我会特别留意那些表现自如、情绪饱满、吸引听众的人，因为他们已经学会怎样处理害怕、紧张这个问题了。我会询问他们："你现在当众表达还害怕吗？"他们通常会说："有一点，但我能控制住。"接着我会问："你现在是如何看待当众表达害怕和紧张这件事？"他们的回答略有差异，不尽相同。然而，随着回答人数的增多，渐渐地我发现了趋同性、发现了规律。这些我们身边的和你我一样的人，他们有的是学生，有的是公司职员，有的是教师，有的是高级主管……在经历了从害怕当众表达，到在众人面前表现自如之后，他们中肯地告诉了我们处理害怕、紧张应有的正确思想：

- 接受不完美；

- 豁出去的勇气；

- 先为喜欢的人讲。

这三个思想恰好与三个害怕的想法：害怕做错、害怕丢脸、害怕不被接受，一一对应。现在，就让我们来一起建立起当众表达应有的正确思想吧。

接受不完美

我们必须承认我们并不完美，没人敢说自己能做到 100% 正确，从有人类的几百万年里，还没有一个人从没出过错。如果有人说，从没犯过错误，这本身就是个错误。

有个笑话，一个男士在打高尔夫球，一个女士在旁边观看，第一杆打偏了，男士骂道："TMD，打偏了！"再次打偏，男士又骂："TMD，又打偏了！"女士生气地说："你总说脏话上天会惩罚你的。"只听"咔嚓"一声，一个霹雳把女士给劈倒在地。男士很纳闷：骂人的是我，为什么会劈她呢？这时，天空传来一个的声音："TMD，我也打偏了！"

你看，连老天爷都会出错。玩笑过后，我要问你一个问题：经过精心准备，表达力超强的当众表达者，会不会出错呢？

答案是肯定的。

一次央视春节晚会上，在零点钟声即将敲响、猴年即将到来之时，主持人朱军面对亿万观众竟然脱口而出："让我们静候羊年的到来！"

"第七届 CCTV 小品大赛"中，主持人董卿在点评一位扮演"举重选手"的小品演员时，说身材虽然很标准，但不像举重运动员，没有人家的"hong"（肱）二头肌。

2018年2月9日，湖南卫视人气极高的主持人杜海涛负责金主（赞助商）"交通银行"的口播，结果在读完宣传语后，杜海涛说，我选择把钱放在银行里，特别是"招商银行"。

有人专门收集制作了《央视主持人失误集锦》第一季、第二季、第三季、第四季，各种失误，真是五花八门，层出不穷。看着这些主持人的"精彩表现"，会让你笑到肚子疼，真是应了那句话："有什么不开心的事，拿出来说说，让大家开心开心。"

这些人可都是名嘴啊，都是当众表达的行家啊，干的就是靠说话吃饭的行当啊，怎么会出现这么多失误呢？事实是，他们就是真的出现失误了，在很多很多人面前，在很重要的场景下，并被记录下来，而且广为传播。

现在，你要把你当众表达的水平与他们做个比较，很显然还是有差距的，他们那么高的水平都会出错，我们凭什么要求自己一定不出错呢？所以，苛求完美只会让我们更加紧张。世上没有真正的完美，在这一刻，你是怎样的水平，发挥出这个水平，这就是你的完美。

不过，这也许并不是你的本意。

我们从小就是在关注错误中长大的，每次考完试，发下卷子，先看错在哪了。很多学生会专门准备一个错题本，记录我们学习上犯过的错误。这让我们养成了过度关注错误的习惯。

其实，放下对错误的过度关注，才能发现自身的优势。害怕出错不会避免出错，接受出错是避免再出错的第一步。那么作为那些曾经不断犯错，现在表现自如的当众表达者，他们是怎么看待出错的呢？

《超级演说家》第二季选手邱晨是香港中文大学国语辩论队的教练，她给辩论队队员每一次都必讲的内容，居然是人生中三次非常失败的演讲经历。她不小心头磕到讲台上，丢尽颜面地搞砸了人生中第一次演讲；第二次，她用打飞话筒的方式毁掉了一个重要场合的演讲；第三次，音响设备冒烟的意外事故成就了她的火花四溅的失败。最后，她说："就是这样一个我，一个悲催的我，若干年后却成了一个辩手，还成了一个教练去教别人怎么样说话……拿出你不怕丢脸和屡败屡战的勇气，人人都可以是超级演说家，只要你愿意。"

你看，她居然把过去发生的糗事作为当众表达很好的素材了。

越怕出错越容易出错，不怕做错反而不容易出错。当众表达如此，人生又何尝不是呢？

斯蒂芬·柯维博士认为，我们碰到的问题大致可以分为三类：第一类，可直接控制的，与我们自身相关。第二类，可间接控制的，与他人相关。第三类，我们无能为力的。对于第一类问题，我们可以改变自身行为，养成好的习惯。对于第二类问题我们可以通过不断地自我调整来影响他人。第三类问题，虽然我们无能为力，但却可以调整自己的面部曲线，用微笑和真诚面对这一切。

豁出去的勇气

一个身材魁梧的小伙子站在台上，满脸通红，热汗直流，双腿发颤……我问他："你怕什么？"他说："如果讲不好，太丢脸了，多没面子啊。"

季羡林先生在文章中曾提过："面子是中国特有的国粹。这个词外国文没法翻译。"其实，人人都需要有面子，小到买了新衣服炫耀一番，大到功成名就衣锦还乡。要面子是人之常情，本质上是为了获得一种认同感和优越感。

当众表达怕丢面子，实质上是一种自尊心的维护，怕失去认同感，更甚者是怕出丑、怕遭到嘲笑，这些全都因为太看重面子而起。于是，心理负担大增，惶恐不安，发挥失常。

俗语讲："死要面子活受罪。"莫泊桑笔下的玛蒂尔德，为了一时的面子，付出了终身的代价。所以，才会有人由衷地感慨，不要为面子活，而要活出真实的自己。面子有其积极的一面，就是求好心切，希望自己表现好，获得别人的认可、赞许、羡慕，这对做好当众表达有一定的促进作用。然而，当这种求好心切超出了我们的承受能力，就变成了为了面子而做了。死要面子的最大问题在于，面子的产生来自于外部的认可，以获得心理满足，我们将自己的感受完全交由外部决定，而放弃了自己强大的内心力量。所以，我称之为：该死的面子。因为它阻断了我们内在的肯定与价值认同。

让面子死了，勇气才能活。

通过内在的自我认同与肯定，我们才能赢得自尊。即使没有"玛蒂尔德的项链"，也能光彩照人。

面子在当众表达时很有意思，你越想撑面子，"端着"自己，越容易陷入孤立和对立之中，而越是有放下面子的勇气，甚至拿自己自嘲的人，反而越容易被接受。比如，马云就经常在演讲时拿自己的长相自嘲，俞敏洪在演讲中经常称自己是"土鳖"。

郭德纲说过一段很耐人寻味的话："在台上表演，要脸就是不要脸，不要脸就是最大的要脸。"

试想，我们在台上因为害怕丢面子，扭扭捏捏、谨小慎微，一点也放不开，我们有多难受啊！更别提积极地影响听众了。

那么，我们怎样才能放下该死的面子呢？

著名喜剧演员贾冰演过一个小品《贾总的演讲》，小品中塑造了一个有演讲恐惧症的乡镇企业总经理。县长到企业视察，他要当众作一次报告，他不敢上台。秘书请来了辅导老师，恰好是他的初恋女友。贾冰惟妙惟肖地演出了在台上表达时的结巴、语无伦次、语塞忘词……小品的结局也是整个小品的高潮，贾总流利地说出了报告中的内容，而且还深情地向坐在台下的初恋女友大胆地表白，感动全场。

何以会有如此惊人的反转？

因为贾总在演讲的过程中有个非常关键的动作，他猛地将讲稿拍在桌子上，激动地用自己的表达方式说出了心里话。这个动作意味着贾总在心里有个重要的决定——我豁出去了！

如果你有怕丢脸、怕丢面子的想法，唯一正确的做法就是拿出豁出去的勇气。

正所谓：有志者事竟成，破釜沉舟，百二秦关终归楚！

对恐惧当众表达的人来说，"豁出去的勇气"，就是破釜沉舟，是一个非常管用的方法，这意味着我们放下了该死的面子，摆脱了它的束缚，冲出了樊笼，我们获得了心理的自由！我们经历过豁出去的勇气，不仅可以帮助我们克服恐惧，而且我们的表达力将有机会进入更高的境界了。

先为喜欢的人讲

我们来做个小测验，如图 2-2 所示。请你看下面这个圆三秒钟。你觉得它是什么？

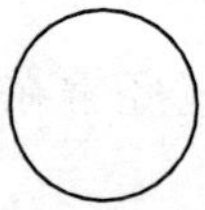

图 2-2　主观看法测验

在培训中，我会问听众，请他们回答这是什么？

我得到很多不同的答案，月亮、太阳、圆圈、鸡蛋黄、月饼、春饼、蛋糕、皮球、呼啦圈……看法并不一致。

客观上，我们看的是同样的图，答案却五花八门。为什么？

我们先了解一个概念：主观看法。意思是凭着自己的价值观、思想、情感去看待事物，得出结论，做出决策。

因为每个人都有自己的主观看法，所以，即使看到的是同一个事物，我们也会因主观看法不同得出不同的判断。

根据真实事件改编的电影《绿皮书》中的钢琴家唐·雪莉（Don Shirley）才华横溢，却因是黑人而屡遭歧视。他处在美国种族歧视很严重的时期，多数白人认为黑人是劣等人，所以无论黑人如何出色，白人总是瞧黑人不顺眼。黑人不能控制白人对他的看法，因为在这些人的心中有个根深蒂固的主观看法。

一位从法国回来的朋友给我讲过一件事。有一个画家画了两幅一模一样的画，第一天，他把其中一幅画放在路边，写着"请把画得好的地方圈出来"，傍晚看时画面已经被圈满。第二天，他把另一幅画放在同一个地方，写着"请把画得不好的地方圈出来"。是的，你猜对了，画面同样被圈满。

我们在当众表达时，人们看到表达的人，自然先会产生一个看法，而这个看法就是主观看法。他们看到的都是一样的"你"，看法却并不一致，甚至截然相反。

你无法让所有人满意，尤其是在当众表达刚刚开始的时候。如果你试图这么做，那么，你将无所适从。

动画片《抬驴》讲了祖孙两人牵着一头驴出门，有人看见了说，有驴不骑，真傻！于是，孙子骑驴，爷爷牵驴。又有人看见说，不知尊老！于是，爷爷骑驴，孙子牵驴。又有人看见说，不知爱幼！于是，祖孙一同骑驴。又有人看见说，不爱惜动物！祖孙无奈，只好抬驴前行……

想讨好所有人，最后只会把自己弄成笑话。不要太在意别人对你的看法，因为有各式各样的人，就会有各种看法，而你不可能同时去满足，听众接受也好，不接受也好，我们所秉持的是竭尽所能、内心坚定地展现自己。

明代的洪应明在《菜根谭》里有一副对联说的就是这个意思：

宠辱不惊，看庭前花开花谢；

去留无意，望天边云卷云舒。

这也是一种自信，一种淡定，一种不做作，不刻意迎合的修为吧。

有些人建议当众表达时，把听众看成是白菜、萝卜，或视作无物，就不害怕了。我们不赞成这么做，理由是，这样会让你的听众感觉你很自大，目中无人，高高在上。

我们的做法很简单。

既然有主观看法，那么一般情况下，我们当众表达时，就会有人对你投来冷漠、审视、挑剔，甚至敌对的目光，也总会有人向你投来接受、鼓励、欣赏、喜欢的目光。你不用顾影自怜，更不用沾沾自喜，你要做的是找到对你投来接受、鼓励、欣赏、喜欢的目光，你全靠他们了，你可以将他们看作自己人。开始时，你可以先对着他们讲，就没那么害怕了。

你对着这些人开始你的表达，会明显降低你表达的难度。当然，这不意味着你可以忽略其他人，而是不要被他们的态度所左右，当你度过了开始阶段的困难后，你就可以很好地影响他们了。我们从建立正确的思想开始，开启我们美好的一生。

当你有好的思想，你就有了好的信仰；

当你有好的信仰，你就有了好的期望；

当你有好的期望，你就有了好的态度；

当你有好的态度，你就有了好的感受；

当你有好的感受，你就有了好的行为；

当你有好的行为，你就有了好的表现；

当你有好的表现，你就有了好的一生。

回顾一下：

● 思想、感受、行为是相互影响的；

● 不害怕当众讲话从建立正确的思想开始：接受不完美，豁出去的勇气，先为喜欢的人讲。

如何把紧张变成朋友

马克·吐温（Mark Twain）说过：世界上有两种演讲者，一种是紧张的人，另一种是骗子。

显然，他的意思是说，每个当众表达者都会紧张。没有例外。

那么，紧张对于我们来说意味着什么呢？

请看，下面有两种对紧张的表述。

第一种表述，紧张是人体在精神及肉体两方面对外界事物反应的加强。紧张使人不安，思考力及注意力不能集中，甚至会产生头痛、心悸、腹背疼痛等。

第二种表述，紧张是一种有效的反应方式，是应付外界刺激和困难的一种准备。有了这种准备，便可产生应付瞬息万变的力量。

咦！怎么回事？好像对紧张的认识截然相反。

第一种对紧张的表述应该好理解，我们也有过切身体验。我们对此痛恨不已，它成了我们当众表达的敌人，我们一直试图打败它。第二种对紧张的表述，紧张怎么变成"产生应付瞬息万变的力量"了？还有这样的好事？

最佳紧张表现

心理学家叶克斯（R. M. Yerkes）与杜德逊（J. D. Dodson），早在 1908 年就通过实验研究归纳出一项叶克斯—杜德逊（Yerkes-Dodson）法则，用以解释心理压力、工作难度以及工作绩效三者之间的关系。我们观察了大量的当众表达者，发现在表现和紧张之间也存在着类似的规律。如图 2-3 所示。

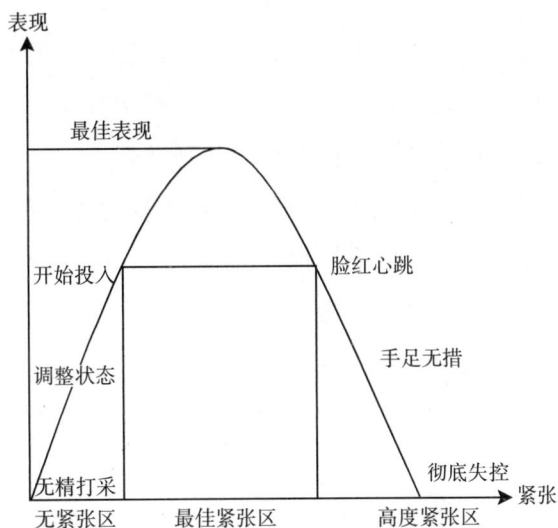

图 2-3　表现与紧张关系

当众表达中的紧张可以分为三种情况。第一种情况，极度紧张，导致我们脸红心跳、手足无措，甚至彻底失控。这是上述对紧张的第一种表述。第二种情况，适度紧张，我们处在最佳紧张区，带来的是表现自如、表达流畅、极富魅力。这是上述对紧张的第二种表述。第三种情况，毫无紧张，反而不利于激发我们的状态，导致我们无精打采、需要调整、才能投入进来。因此，克服当众表达紧张的目标不是不要紧张，而是把紧张调整在适度的范围内，处在最佳压力区，我们才有最佳表现。

"卓越的演说家很清楚害怕的滋味……演说家和新手的唯一区别就是演说家能很好地控制心中的恐惧。"当第一次看到爱德华·R.马隆的这句话时，我有一种大脑被点亮的感觉。

你发现了吗？即使再优秀，我们也不能彻底消除紧张，而且，你也不应该试图把紧张变为零，因为那不利于你当众表达的发挥。你要做的是很好地与紧张相处，承认它的存在，接受它，让紧张在可控的范围内，让它为你当众表达做贡献。

没错，适度的紧张是你的朋友。

许多人用自己特有的方式，让紧张成为了朋友。一枚生了锈的钉子在你我眼里可能毫无用处，可是，对意大利著名男高音歌唱家帕瓦罗蒂却意义重大。因为他相信捡到生锈的钉子，会带来好运。为了缓解紧张，帕瓦罗蒂总是在演出前四处寻找铁钉。于是，人们经常看到，他收紧肥大的肚子，弯腰捡起工作人员故意扔下的铁钉，长长地舒了一口气，准备上场表演了。篮球巨星"飞人"迈克尔·乔丹，每次上场前都会穿上两条运动裤，外面穿着比赛时的球裤，里面穿着他在大学期间打球时的球裤。采访中他表示，这样可以让他状态更佳，命中率更高。美国前总统林肯当众表达能力之强，举世公认，但他也曾一度失去自信。后来，林肯把人们对他的赞誉做成了简报，随身携带，经常在当众表达前翻看，以缓解紧张的心情，重拾信心。

无论多么有成就、多么杰出的人，都不能完全摆脱紧张的情绪。不过，只要找到合适的方法，我们就可以克服紧张情绪，取得非凡的胜利。

三个实用的方法

如果你已经试过深呼吸这样的方法，但它并没给你带来好运。

那么，关于如何与紧张成为朋友，我建议你做以下三种实用的尝试。

● 提前融入环境；

● 神奇的两分钟；

● 极端矛盾意向。

提前融入环境

对于陌生的事物、环境，人类有着本能的自然反应就是紧张，这是出于自我保护。远古时代，人类并不强大，单个一个人在空旷的地带被吃掉的概率极大。所以，远古人见到陌生动物的第一反应是立即做好准备，随时准备逃跑或战斗。要想跑得快，绝对不是让自己肌肉放松下来，战斗更是让自己处于紧张的状态。时至今日，人类文明高度发达，但有些本能的自我保护还是存在于潜意识当中。

人们把"第一个吃螃蟹的人"看作勇敢者，就是因为他突破了面对陌生事物的本能反应。从目前中国螃蟹的销量和受欢迎程度可以断定，吃螃蟹已经不是紧张的事了，而是一件美妙的事了，我们对这种美味已经再熟悉不过了。

无论怎样，陌生容易使人紧张，熟悉容易使人放松。

你在自家的客厅里和在地铁上，你对着自己的"狐朋狗友"和对着一群"路人甲"，状态一定会完全不同。

当众表达前，如果条件允许，就要争取提早来到你要当众表达的场地，到你将要表达的台上站一站，走一走，向台下看一看，试试麦克风声音，试试设备。如果是舞台那种，一定记得让工作人员把灯光打开，尤其是登台经验较少的更要注意此事，有时刺眼的灯光照过来，会把你弄得一阵眩晕，紧张以光速扑来。你还可以跟工作人员聊聊天，虽然他们通常不太爱理你。你可以坐在观众席上体验一下听众的感觉，与早到的听众聊聊天也是不错的选择。总之，这么一番折腾下来，你就可以避免了因陌生而带来的紧张的自然反应了。

提前融入环境就是争取把客场变成主场。

神奇的两分钟

影帝尤博连纳（Yul Brynner）拍了很多部电影，但其一生都在演舞台剧《国王与我》，共演出了 4000 多场，非常受观众喜爱和欢迎。他演技与经验都是一流。有一次在舞台剧开演前，记者在后台看到他正在做一个奇怪的动作，面对墙壁并以双手用力推墙面。记者就问他在做什么，尤博连纳很老实地说，舞台剧要唱很多歌，以双手推墙开阔胸肌，可以减缓紧张所造成的声音抖动。

事实再次证明：即便像尤博连纳这样的影帝，也会紧张。紧张真是常有的事。再深入想一想，若一个有 4000 场演出经验的人告诉我们，拉开胸肌有助于舒缓紧张，那我们为什么不试一试呢？

你也许还会心存疑虑：适合尤博连纳的做法，真的适合其他人吗？用改变肢体动作真的能让我们表现更好吗？

哈佛大学的社会心理家艾米·库迪（Amy Cuddy）教授的研究成果能够给我们提供更具体的帮助。

有的人表现出色、果断自信乐观，充满力量，有的人紧张畏缩、迟疑自卑悲观、软弱无力。这两类人在生理上最大的区别是有两个关键的荷尔蒙。睾丸酮，是一种支配荷尔蒙；的可松，是一种压力荷尔蒙。充满力量的人睾丸酮会上升，的可松会下降；软弱无力的人的可松会上升，睾丸酮会下降。

艾米·库迪和她的同事们做了一个实验。在不告知原因的情况下，他们让第一组人做出有力量的、高姿态的、显得更开放更高大的肢体动作，包括双手举过头顶"V"字形、双臂张开、高昂头双手叉腰、四肢舒展打开坐着，甚至抬起双脚放在桌子上等肢体动作，并持续 2 分钟。他们让第二组人做出无力的、低姿态的、试着让自己变小一点的肢体动作，包括双手抱在胸前、双手交叉放在两腿之间、低头伏在桌子上、低头抱肩两脚相交、手摸着脖子歪头等肢体动作，同样持续 2 分钟。

两分钟之后，分别提取第一组和第二组参加实验的人员的唾液，检测两组人的睾丸酮和的可松有什么不同。请看结果。

第一组睾丸酮上升20%，的可松下降25%；

第二组睾丸酮却下降了10%；的可松上升了15%。

两分钟的肢体动作就让荷尔蒙发生了如此大的改变，既可以使你变得自信、充满力量，也可以使你变得软弱、失去力量。

同时，受试者会被告知有一个参加赌博的机会，请其选择是否参加。

第一组受试者有86%的人会选择赌博；

第二组受试者只有60%的人会选择赌博。

这是在测试人们在面对挑战、面对冒险时的反应。不同的肢体动作产生了差异，第一组更愿意冒险与尝试挑战。

在当众表达时，我们多么希望自己不再紧张，能从容应对，自信、充满力量。艾米·库迪这神奇的两分钟给了我们这种机会。

事实上，她也是这样建议的："你在哪里可以运用这些技巧呢？社交威胁的情形，譬如你被人打量时，演讲时，面试时……"

极端矛盾意向

因失眠而辗转反侧的朋友都有过这样的体验，假如你要强迫自己入睡，只会使自己不能入睡。到了清晨，由于要起床了，你不得不放弃强迫入睡的奢望，这时反而睡着了……生活中类似的例子比比皆是。

如果你真的紧张到难以控制的地步，你可以试试下面这个方法。

这是著名的心理学家维克多·埃米尔·弗兰克尔（Viktor Emil Frankl M. D.）提出的方法。

矛盾意向的理论前提是：在许多情况下失调行为的产生是由于人们过分害怕某些令人恐惧的事物。这就是说，由于总是担心着某种可能感到焦虑的处境，因而让人变得万分恐怖，以至于不由自主地被引入这一境地。这叫作"预期焦虑"，它常常使人变得无能为力。

一个人对某种处境的恐惧，以及他对这种恐惧的害怕，使他陷入恶性循环。他极力希望摆脱他所恐惧的处境，结果被焦虑所压倒。如果到了不得不面临这一处境时，他已经几乎不能正常行动。

在一次演讲学习班上，我要求参加练习的人按照座位依次到台上做当众表达，我留意到排在第十几位的刘先生一开始就局促不安，随着越来越邻近到他的位置，他脸色变红，后来又不断擦汗，终于轮到他时，他在台上张口结舌，手腿发抖。

他向我提出：不讲了。

我说，今天不讲可以，明天必须要讲，明天不讲也可以，后天必须讲，你在学习班上不讲，你终究要在工作中去当众表达，所以你必须讲。

在这种情况下使用极端矛盾意向法。我们害怕、紧张往往是预期焦虑造成的，于是，越来越紧张。既然如此，我们就朝相反的方向走个极端，告诉自己必须去做这件让自己最紧张的事，心里热切地盼望它的发生。此时，反而不紧张了。

有时，我们仅仅是简单地告诉自己必须做或盼望是不够的。我们要极度夸张地告诉自己，这件事发生最极端情况下的样子。这种方法是主动积极地克服预期焦虑，用夸张到极致的方式让人觉得荒诞可笑，我们再从荒诞中看待现实，反而觉得不过如此而已。于是，镇静放松下来去应对所面临的困境了。

例如，你在当众表达前紧张得要命，就说："我要努力做到紧张，我要紧张到面红耳赤、手脚发抖、浑身战栗、不断地战栗，让整个讲台随着我抖动、震颤，屋顶坍塌，震动的声音一直传到月球。我要忘词、结巴、说不出话，我要把自己包裹起来，不让听众看到，躲到茶杯里面。我不住地大口喘气，吸气时，把整个房间的空气全都吸进我的肺里，听众会因为无法呼吸憋闷而死……"这种极端荒诞的说法，恰恰具有相反的作用，能使当众表达者把注意力转移到正常的表达上面来，克服了心理障碍，做出平静的表现。

最坏又能怎样呢，比最坏的情况还坏的情况都能接受了，还有什么可怕的呢？

嘲笑恐惧、让恐惧变得荒诞并以一种极端夸张的方式来决定你该针对恐惧自言自语些什么。这样就可以消除逆境本身对你产生的消极影响，使你在这种情况下仍能应付自如。

错误的方法是人们由于预期焦虑而逃避困境，这是逃离恐惧。

正确的方法是运用极端矛盾意向法，凭借这一技法，我们就可以摆脱由于过分关注当众表达这件事而被"钉死"在这件事上导致的焦虑不安。我们就可以不再害怕困境，带着"曾经沧海"的心境面对挑战了。

第二年的冬天，当我再见到刘先生时，他正站在公司年会的舞台上向几百名员工致新年贺词。

紧张一定会有，不必试图消除紧张，要做的是用自己的方法把紧张控制在适度的范围内，它就变成了你的朋友，转而帮助你。

1939 年 9 月 3 日，德国冲破防线进攻波兰。英法被迫向德国宣战。乔治六世通过广播向英国民众发表演讲，这次演讲非常成功，表明了坚定的信念，激励了英国民众。

但是，如果我告诉你，乔治六世是一个口吃患者你会做何感想呢？

汤姆·霍珀根据这段历史拍了一部电影，名字就叫《国王的演讲》。我强烈地向你推荐这部电影，每一个想要提高表达力的人都应该认真地看一遍，不，看几遍这部影片。我们可以深刻地体会到，只要有了责任和决心，即使是如乔治一样有严重的心理障碍、表达口吃的人也可以做出精彩演讲。

而且，影片中关于指导乔治的片段，也会让我们学到许多克服紧张、有效表达的方法。

今晚就搜出这部电影，拿上一袋零食，窝在沙发上慢慢欣赏吧（顺便说一下，这部影片于第 35 届多伦多电影节获得了最高荣誉——观众选择奖。第 83 届奥斯卡最佳影片、最佳导演、最佳男主角、最佳原创剧本四项大奖）。

回顾一下：

● 适度的紧张是我们的朋友，让自己在最佳压力区；

● 尝试三个实用的方法：提前融入环境，神奇的两分钟，极端矛盾意向。

当然，如果你可以找到自己的控制紧张方法，那就太棒了！

把自己放在哪里

还记得三极表达力是哪三极吗？自己、内容和听众。

当众表达按过程可以分为上场前、现场中、下场后。现在，我们一起来思考："自己"在上场前、现场中、下场后与内容、听众两项因素相比谁更重要一些呢？

当然都重要，这三项因素在当众表达中缺一不可。但我们仍然可以排个序，以便让我们能在上场前（这里指的是即将上场时）、现场中、下场后给自己一个准确的定位。

你可以先按照你的理解，试一试把自己、内容、听众三项因素的优先排序填在下面的空格内，然后再往下看。

上场前排序是：_____、_____、_____。

现场中排序是：_____、_____、_____。

下场后排序是：_____、_____、_____。

是的，当众表达中"自己"在上场前、现场中和下场后的状态和调整的重点是不同的。其实，总共才有三个因素——自己、内容和听众，排序并不难，但这个顺序代表着你对三个阶段——上场前、现场中、下场后应该怎样做的看法。比如，人们往往容易把内容排在上场前的第一位，毕竟你要好好认真地准备你要讲什么，这当然没错，可是，如果你留意到我说的上场前，是指即将要上场时，你也许就不会这样想了。

我们给出的优先排序建议是：

上场前排序是：_____自己_____、_____内容_____、_____听众_____。

现场中排序是：_____听众_____、_____内容_____、_____自己_____。

下场后排序是：____自己____、____内容____、____听众____。

在这个排序中，我们更应该关注"自己"在位置上的变化。郎朗用十指弹奏音乐，他的工具是钢琴，丁俊晖在球台上击球入袋，他的工具是球杆，梅西在球场妙传突射，他的工具是足球。

工欲善其事，必先利其器。

当众表达者的工具是什么呢？你最重要的工具就是你自己！下面我们来看看为什么把自己放在优先排序中这个位置上。

上场前让自己进入角色

京剧表演艺术家，中国戏曲学院教授张火丁，让京剧重新焕发了活力，她演绎的程派青衣堪称一绝，许多年轻人都是她的粉丝，演出场场爆满。

大获成功后，她曾坦言："演了20年的戏，改不了上场前那一刻难以自控的紧张情绪。"

最紧张的是在临上场之前那段时间。她会提前3个小时到达剧场，在心里把戏过一遍，然后，早早就化妆勾脸，她就定定地待在某个角落，没人能打扰的角落，此时，任谁也不能去打扰她，更不能闲聊。

这是为了"校准了心跳与呼吸，一出声，或一出手，才会那么惊艳。"

无独有偶。

京剧大师梅兰芳在上场前会提前很长一段时间就扮完妆，带上行头，坐在后台候场，从不与人说话。了解的人都知道此时不能去打扰他，因为梅先生在揣摩体会戏中人物的心理，让自己进入角色。当锣鼓家伙一响，梅先生走上舞台，他就已经不是梅兰芳了，他就是虞姬，就是杨贵妃……

大师进入角色！

在我们的培训中，韩先生给我们讲过一件有趣的事。他们公司邀请一位知名演说家做一场激励士气的演讲。在演讲即将开始前，他惊讶地发现这位演说家正在后台捶打着自己的前胸，向上踢腿，用力击掌，活像一只发怒的大猩猩。事后，在感谢这位演说家的晚宴上，韩先生问起演说家后台的表现。演说家的解释是，他要让自己亢奋起来，斗志昂扬，才能激励听众。

演说家也要进入角色！

你是否发现，一个人在台上表达时的状态和平时拉家常的状态一定是不一样的（当然有些为了达到某种效果刻意而为，另当别论）。

上场前最应该做的是什么呢？

应该做的就是调整自己，将自己的心境、情绪、感觉调整到最佳状态，让自己进入当众表达者的角色。

我看到很多即将要上场的当众表达者，拿着写满内容的稿子喃喃自语，仿佛他即将要经历的是一次考试，而不是当众表达。我们知道，他是唯恐忘记准备的内容。非常遗憾，就实际情况看，即将上场前还在看稿子的人，走上讲台，表现令人满意的概率，就像买张彩票中了头奖一样。往往都是从满怀期待开始，以大失所望结束。

美国南加州大学的研究人员做过一个实验。

研究人员找了一位演员，称其为"博士"，着装上把他装扮成看上去很有学问而富有魅力的样子，并为他制作了一份令人羡慕的假简历。"博士"闪亮登场，主题讲座正式开始。这位演员表现得非常像一位经验丰富的教授，很有权威感、沉稳大方、表达流畅、自然幽默。但是，研究人员要求这位演员在讲课时故意前后不一致，甚至互相矛盾，引用的名言与表达的意思并不相干，内容毫无科学价值，也经不起推敲。

听众是 11 位讲座主题领域的专家，一个半小时后，讲座结束时，他们对这位"博士"的这次讲座进行了反馈。

只有在读过发表的文章一项得分为 0，在讲课思路、运用例子、材料使用、启发性等方面的反馈都给了极高的评价。

无论怎样，这份反馈结果对一个当众表达者来说都是很高的评价了。如果真有这个"博士"，他一定会高兴地说，这是一次成功的讲座。可能还会为此喝点小酒庆贺一下。

那么，问题来了，这位演员是如何成功地获得 11 位专家认可的呢？

第一，要让自己足够像一个演说家。

我们所说的"足够像"，不是表面的装模作样，而是明白理解自己的身份角色，表达应该起的作用，当然大多数情况下，我们是本色出演。

他不是博士，他对所讲的内容并不精通，但他对怎样演得像博士非常精通，于是他成功地扮演了一个研究人员要求的角色。

我们设想一下，如果研究人员找的是司机、找的是程序员、找的是农民……而不是一位演员，结果或许就不那么乐观了。

不过，这次讲座只安排了一个半小时，如果时间再长，恐怕这位演员就要露出马脚了。

第二，角色对了，表达才能对。

如果一群专家对"前后不一致，甚至互相矛盾，引用的名言与表达的意思并不相干，内容毫无科学价值，也经不起推敲"。都可以容忍，只能说明大多数听众是很宽容的，听众并没有特别高的期望，他们在来之前没有想听你讲完就改变了人生，毕竟谁愿意被别人改变呢？如果你不是在讲下周就要考试的试题这样类似的情况，一般来说，听众不太会全神贯注非要深究你讲的东西。如果听众真是全神贯注的状态，那么，恭喜你，你的表达已经非常非常打动并吸引他们了。同时也说明，只要你调整好了自己，你就已经成功了大半了。关键在于你在当众表达前认清自己对听众来说是怎样的角色了吗？

角色准确，意味着你自己的立场、你与听众的关系、你表达的尺度与方式才是准确的。

每个人都拥有多重角色，在不同的时刻角色不同，在家里，往往是：儿子、女儿、父亲、母亲、妻子、丈夫等；在工作中，往往是领导、下属、合作方、投资人、客户等；在职业上，往往是警察、消防员、农民、工程师、建筑师、设计师、音乐创作人、导演、编剧、演员、老师、编辑、导游、健身教练、运动员、医生、律师、厨师、裁缝等；在日常生活中，往往是房客、房东、游客、店员、顾客、博友、读者、粉丝等。

人生并不是单一的，是由无数个不同的场景、不同的时刻和不同的角色组成的，把每个角色发挥到极致，就是一个精彩的人生。

曼德拉出狱时的那番表达，角色不是一个黑人而是一个南非人；萨达特在以色列国会上发言的角色不是总统，而是一个和平的使者；俞敏洪在北大演讲时的角色不是一个成功的企业家，而是一个我们身边的奋斗者……

我的朋友老杜，在北京创业。他在 3 月 9 日的日程里有三件事与当众表达有关，上午公司有个会议他要做动员，下午要去展示公司的新项目，争取得到客户的认可，晚上要在儿子满月答谢宴上致辞。我们看到老杜在上午的表达角色是领导者，下午的表达角色是推销者，晚上的表达角色是宾客的主人、孩子的父亲。

当众表达就是在那个场景下要去承担那个角色，从这个角色出发，在那一刻把那个角色发挥到极致，就是一次有效的自我展示与表达。

调整自我的秘诀

我曾养过一只边牧，它看我回来，就欢快地跑过来，我摸摸它的头，它就在我脚边绕来绕去，我举起手逗它玩耍，它会跳起来。最让我不可思议的是，它能猜到我的心情，如果我回来心情不错，它会表现得很活泼，如果我心情不好，它就表现得很温顺。我没觉得我的表现有什么不同，但它就是能感觉得到我情绪上的不同。

我的朋友给我讲过她在医院碰到的一件事，一位宝宝自出生开始，宁愿吃奶粉甚至喝别人妈妈的奶，也不吃自己亲妈的奶。宝妈非常奇怪，不得其解，后来求助妇幼保健院的专家才得知，宝妈曾不想要孩子，甚至怀孕 6 个月还想打胎，直到出生前心里也不舒服。

这一切，都被腹中的宝宝所感知，她感觉到妈妈不爱她，并从内心开始排斥，所以拒绝母乳。这位妈妈不知道，胎儿也是有感知的，你爱不爱他，喜不喜欢他，你的喜怒哀乐，你的情绪变化，他都是能感受到的。

夏威夷大学的心理系教授埃莱妮·哈特菲尔德实验证实了情绪感染确实存在，速度之快出人意料。

研究人员将志愿者随机分为两组，给 A 组观看一些带有欢乐表情的图片，给 B 组观看一些带有愤怒表情的图片。给他们观看的时间是多久呢？30 毫秒（人眨一次眼需要 0.2~0.4 秒，1 秒=1000 毫秒）。30 毫秒快到只有人眨眼 1/10 的时间。然后，立即让两组观看相同的带有中立表情的图片，来判断图片上的表情是什么情绪。

结果，A 组志愿者判断是欢乐的情绪；B 组志愿者判断是愤怒的情绪。他们非常明显受到了之前看过图片的影响。

哈特菲尔德说，图片中的表情可以刺激志愿者大脑中相同的神经元，就好像志愿者也体会到了相同的情绪一样。

可见，一个人的情绪可以在眨眼之间感染另一个人。

研究人员发现一个团队的管理者情绪积极，很快会感染团队的成员，大家士气高涨，做起工作效率更高。而在亲密关系中，家人之间情绪的感染就会更明显。

还有一个典型的例子。越南战争期间，美军与越军在一处稻田里遭遇，顿时枪声大作，双方激烈交火。这时，有六个和尚，一个跟着一个，顺着田埂走来，毫不在意猛烈的枪炮。突然，战场安静下来，双方都不约而同停止了射击，目送六个和尚慢悠悠地穿过稻田。当天，双方休战了一天。

美军指挥官大卫·布西回忆说："这群和尚目不斜视地笔直走过，奇怪的是竟然没有人向他们射击。他们走过去以后，我突然觉得毫无战斗情绪。"

这六个和尚是怎么让战斗停止的呢？

是他们平静如水的情绪，是他们与世无争的神态，无欲无求，心无外物的状态，传递给了战场上的士兵，感染了每一个人。

这对当众表达有什么帮助吗？

● 情绪可以快速地传染给别人；

● 听众会在无意识的情况下被这种情绪感染。

情绪感染是一种本能，在人们交谈时，每个人下意识地都会效仿另一个人的面部表情、动作姿势、身体语言以及说话的节奏。

我们在当众表达前调整自己的情绪，带着我们希望的、听众期待的情绪上场，我们就有了好的状态。除了一些特定的场合，最应该有的情绪就是：积极快乐的情绪。

正如《有影响的人类行为》一书的作者奥弗斯特里特教授所说："喜欢可以产生喜欢。"

谁会愿意面对愁眉苦脸的人呢？

谁不愿意和积极快乐的人相聚呢？

用"快乐触发"的技巧就可以处理好自己上场前的情绪。

所谓"快乐触发"就是：

想一件快乐的事让自己产生快乐的情绪，并感染听众！

情绪往往让人不太好把控，这个技巧化虚为实，把调整情绪这件事变成了一个具体的动作，想一件记忆里过去曾经真实经历过的快乐的事，这件事带来的快乐情绪是真实的，是可以回忆的，而这个回忆中的感觉就是当众表达前最正确的情绪，用它去感染你的听众。这个技巧像一把钥匙，开启了你的快乐情绪之门。

我在每次当众表达前，都会想我女儿出生时，我看到她第一眼的感觉。粉嫩的小脸，微闭的双唇，乌黑明亮的双眼愣愣地看着我，我立刻有一种奇妙的幸福、快乐、兴奋的情绪从心底涌起，这种情绪是那样的强烈，现在想来依然如此真实，这就是我的"快乐触发"。

现在，我邀请你放松自己，可以闭上眼睛，想一件过去发生过的、真实的事情，只要你一想起这件事就会感觉很快乐，甚至兴奋。来吧！

想到了吗？这件事就是你的"快乐触发"。

一问一答之间。

小徐睁开闭了很久的眼睛说："我真想不出什么快乐的事。"

我心想："你的前半生过得有多悲惨，连一件快乐的事都没有。"其实，往往是我们不太留意，所以，无从想起。

我说："你有听到或看到过让你觉得好笑的笑话吗？"

小徐说："那肯定有啊。"

我说："说来听听。"

小徐："晚上，老公悄悄地说，老婆，女儿睡着了没有？睡着了我带你去楼下吃烧烤。老婆说，可能还没有呢，等一会儿吧。半个小时过去了，老公又悄声说，老婆，女儿现在睡着了没有？等了一会儿，老婆没有回音。这时，只听见女儿说，爸爸，妈妈可能睡着了，不如你带我去吃烧烤吧？"

我笑着说："你当时笑了吗？"

小徐："当然笑了，我觉得挺好笑的。"

我说："体会一下你笑出来的情绪是怎样的。"

小徐想了想说："难道这也可以是我的快乐触发？"

我说："当然可以。什么事件不是重点，别人觉得是否好笑也不是重点，毕竟你不是真的要把它讲出来。重点是你觉得好笑，产生让你快乐的情绪。"

有一次当众表达的练习中，李经理第三个出场，她有点无精打采，表达虽然流利，听众却完全听不进去。我不得不让她停下来，交流中了解到早上她儿子拿出考得分数很低的试卷让她签字。她训斥儿子，儿子顶嘴。因此吵了一架，心情极差。

我问她，你儿子曾做过什么让你开心或感动的事吗？

她想了一会儿，开始滔滔不绝地讲起她儿子与她之间有趣的事情来。是的，我们完全被她讲的事情吸引了。那天其他人讲了什么，我们都已记不太清了，却牢牢地记住了我们从未见过的她的儿子。她眼睛透出兴奋的光芒，因骄傲、因快乐、因感动而洋溢出的情绪扩散进每个人的心里。

哪个听众愿意听一个愁眉苦脸的人的表达呢？

哪个听众能够拒绝有极大感染力的表达呢？

每一个当众表达的人都应该给自己内心安装一个"快乐按钮"，我们平时积累生活中经历过的快乐的事，储存起来。当我们面对压力时，按下储存器的按钮，把快乐触发出来，去感染听众。

著名儿童心理学家海姆·G.吉诺特博士有一段名言：

在批评中长大的孩子，学会谴责；

在敌对中长大的孩子，常怀敌意；

在嘲笑中长大的孩子，畏首畏尾；

在羞辱中长大的孩子，总觉有罪；

在忍耐中长大的孩子，富有耐心；

在鼓励中长大的孩子，满怀信心；

在赞美中长大的孩子，懂得感激；

在正直中长大的孩子，有正义感；

在安全中长大的孩子，有信赖感；

在赞许中长大的孩子，懂得自爱；

在接纳和友谊中长大的孩子，寻得了世界的爱。

快乐触发技巧在应用时，我们发现有些人可以很轻松地运用出来，把快乐的情绪传递出来。而有些人却需要不断地调整或通过启发才能见到效果。究竟是什么原因呢？海姆·G.基诺特博士的这段名言给了我们答案。

"现在的我"的表现跟"过去的我"有很大的关系。我们过去的环境以及我们在内心中的累积，直接影响到"现在的我"。

举个例子：有一头象在出生后不久，就被带到马戏团，它的一只脚戴上铁链锁在一根木桩上。小象力气小，挣脱不了铁链，不能远离那根木桩。几年之后，它的力气已经很大了，然而，一旦用铁链把它拴在木桩上，它活动范围就是以木桩为圆心，铁链为半径的范围内。其实以大象的力气，轻易就能拖垮木桩挣脱而去，但它根本就没有认识到这一点，仍像以前一样慢慢悠悠地绕着木桩活动。

过去的经历对现在的影响往往在无意识中就发生了，而对现在起着直接作用。我们可以充分利用这一规律。

动物依赖本能，而人类拥有智慧，人类具有选择的能力。当我们明白了这一点，就可以摆脱像动物一样的命运。我们可以选择记忆过去的经历，也可以在过去的经历中选择看重什么，或者选择怎样看待过去的经历。就像曼德拉所说："当我走出囚室迈向通往自由的监狱大门时，我已经清楚，自己若不能把痛苦与怨恨留在身后，那么其实我仍在狱中。"

生活中既有快乐的事情，也有悲伤的事情，假如我们想成为一个积极快乐的人，就要留意、在意、体会、记住生活中的快乐，哪怕很小的快乐，这样天长日久，我们就变成了一个积极快乐的人了。

快乐触发的前提是在心中有一个储存器，不断地储存快乐的事情，在需要的时候拿出来用。

习惯的力量巨大到超出我们的想象，如果一个人习惯联想起愉快的事情或经验，并在当众表达时将这些愉快的事情记起，可以很快清除心理压力，驱走害怕情绪，这也是快乐触发的妙用。

下一次当众表达前，就按下快乐按钮，触发快乐情绪吧！

充满自信的秘诀

著名心理学家弗兰克尔，是 20 世纪的一个奇迹。他是犹太人，曾被关押在称作"死亡工厂"的奥斯维辛集中营。被抓走时，他妻子叮嘱他一定要平安地回来，她们都在家里等着他。他心中无时无刻不牵挂着自己的妻子，内心充满了思念，因而怀着强烈的求生欲望期盼有朝一日能够与爱妻重逢。

多年后，弗兰克尔终于被解救出来，很多同他一起被关的人经受不住折磨纷纷死去了。他认为那些狱友死亡的主要原因，不是因为食物或药品的匮乏，而是因为缺失对未来的渴望和不知道为什么活而放弃生命的。

弗兰克尔回到家后，发现妻子早已死去。在他被关押不久，妻子也被抓进集中营，第二年就死了，而他并不知道。他顿时觉得失去了生活的意义，甚至几欲轻生。

为什么弗兰克尔在"死亡工厂"那么恶劣的环境下能够活下来？走出集中营有了自由、物质充裕的情况下却要轻生？

后来他独自反省，写下了一本世界名著，叫作《活出生命的意义》。书中透露了他之所以能在集中营里熬下去是因为有一个未来的希望支撑着他，就是妻子正在等他回家。

这件事情告诉了我们什么？

"未来的我"也会影响"现在的我"。

对未来充满希望，有一个清晰明确的未来，对"现在的我"会有积极作用。如图 2-4 所示。"现在的我"不仅受"过去的我"影响，也受"未来的我"影响。

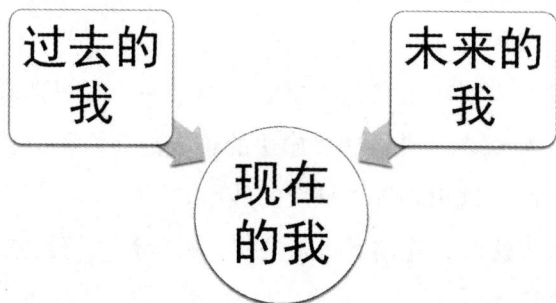

过去的我

未来的我

现在的我

图 2-4 自我影响模式

那么，如何在当众表达中让"未来的我"把"现在的我"变得更积极、更自信呢？

如果不是即兴演讲，我们就有机会进行较为充分的准备，我们可以运用"彩排未来"的技巧，让自己摆脱疑虑重重、忐忑不安，做到坚定从容、充满自信。

彩排未来就是用人类特有的想象能力，把未来将要进行的当众表达预先在头脑中反复地演练，从而获得一个清晰明确的未来景象，让未来的我影响现在的我。

假如，你将在下周日去一家新开张的烤肉店大吃一顿，我请你想象你已经来到这家烤肉店的门口，门童礼貌地为你推开大门。伙计热情地招呼你，为你安排座位。你精心地挑选了几样特色烤肉，红彤彤热烘烘的炭火被稳稳地安放在炉子里。烤肉放在箅子上，发出滋滋声响，一滴滴热油顺着饱满的肉的纹路慢慢滑下，掉到炭火上，"刺啦、刺啦……"冒出一缕缕青烟，一股特有的浓香随着你的呼吸，进到你的鼻子里，口水开始在你嘴里泛滥。你终于忍不住，夹起一块烤得焦黄的肉，一口咬下去，哇！满口火热沸腾，肉经炭火熏烤，本身已经香气四溢，又因椒盐辣酱的增色，变得更加入味。嫩滑、焦酥、鲜咸、麻辣一瞬间都在口中翻腾舞蹈起来，满满的肉香从舌苔开始扩散开来，到舌尖、到舌根，再到喉间，你慢慢地咽下去，满足地眯起了眼睛……

现在，我请你闭上双眼，把上面那段描述像放电影一样再想象一次。

好。如果你已经再次想象完毕，我来问你几个问题。

刚才你能否仿佛看到一些饭店之类的画面？

答：_____

刚才你能否仿佛闻到一些烧烤的味道？

答：_____

刚才你能否仿佛听到了一些特别的声音？

答：_____

刚才你有没有咽了口水？

答：_____

这段描述并不是真实的事情，是一件虚构的事件，但绝大多数人依然能清晰地看到、闻到、听到、感受到，也就是所谓的有"真实感"，有些人还会有身临其境的感觉。

这就是想象的魔力。

刚才，你闭上眼睛想象的过程，其实就是一次彩排未来的过程。我们把吃烤肉这件将要发生的事一步一步想象出来，预演了一遍，有了一次心理的体验和感受，对吃烤肉这件事更加熟悉了。当我们实际在做这件事时，就会更老练，更有经验。当然，你预演的次数越多，这种效果就越明显。

达尔文随着小猎犬号周游四海，靠着敏锐观察，以及超越时间的想象力，由物种外表的些微差异，向远古及未来无限伸展，提出"物种源始"的理论。爱因斯坦则在小小的瑞士专利局办公室，以理论与计算，将其思绪在多维空间上奔驰，提出石破天惊的"相对论"。他们没看过几百万年前的地球，也没有到外层空间去测量过，但都凭着既有的经验，以人类特有的想象力，洞察生物及时空的演变，完全解脱时间、空间的束缚，取得了举世瞩目的成就。

想象力具有巨大的魔力，我们就是要借助这巨大的魔力，充分利用这无穷无尽的想象力，对当众表达进行彩排未来。

当众表达中的不自信很大一部分原因是对自身能力的怀疑，不确定自己会在表达中有上佳的表现。他们往往只是对当众表达这件事很不自信，而对有些事情却是信心满满的。

某著名公司的一位高级主管跟我说："我已经做了十年的技术处理工作了，哪怕一点微小的状况，我都能发现，所以我对此非常自信，但在当众表达这件事上我确实没有成功的经验。"

人们对陌生的事物容易恐惧，彩排未来，可以让我们不断熟悉将要做的当众表达。它的美妙之处在于，想象不受时间、空间的束缚，在家里、在车上、在路上、睡觉前、吃饭时……我们都可以通过彩排未来，让自己获得当众表达的经验。如果我们对将要做的当众表达想象很多次，像已经做了很多次一样，我们有了体验感受，我们对此非常清晰，我们就有了一定经验了，自然就摆脱了不自信的魔咒了。

彩排未来有以下两点，至关重要。

☆ **彩排未来是"备"，不是"背"**

有人问马克·施皮茨（Mark Spitz），你获得 9 枚奥运金牌最大的秘诀是什么？他说："不备而战，不战而败。"彩排未来的核心就是有备而战。

很多当众表达的新手为了显示做了充分准备，会写出表达稿，然后逐字逐句地把稿子背下来。

逐字逐句地背稿，是一种准备方法，但这种方法最大的问题是，很容易在面对听众时忘词。从实际情况看，拼命背稿的结果是，90%的人会忘词。

2007 年 iPhone 发布会上，辛格东公司的 CEO 斯坦西格曼作为演讲嘉宾出现在舞台上，他身体僵硬，双手插兜，一副拘谨又怅然若失的样子。连听众都感觉到他准备得并不充分，背诵的痕迹如此的明显，后来，显然是不想再努力想了，他拿出稿子开始低头念起来，最直接的效果就是他让大部分听众昏昏欲睡了。

我们一般都觉得把表达稿一字不落地背下来是最保险的方法，然而，我们忽略了一个最重要的因素，我们背稿的时候是在一个独自的环境下，身心都很放松，前面我们说过，当众表达的压力来自于你要在众目睽睽之下表达，不是记忆让你忘词，是紧张让你忘词。

老高是一位业绩很好的推销员，他一般的推销方式是每次只对一两个客户推销他的产品。一次，他获得了一个在礼堂里对着近100人用20分钟时间介绍他的产品的机会。可以想见，他精心准备，写了满满十几页的讲稿，拼命地背了下来。

他忘词了吗？不，你猜错了。他没有忘词。他是背稿不忘词的那10%的人。

然而，他讲得十分机械，枯燥无味，毫无生动可言，就像是一名小学生接受老师的作业验收，背诵课文一样。

他这次难得的推销机会，结果可想而知。

林肯曾说过："我不喜欢听刀削式的、枯燥无味的讲演。"背诵依赖的是机械记忆，逐字逐句的记忆不仅耗费表达者大量的时间，而且容易形成表达者心理麻痹。现场表达过程中，一旦因怯场、听众不配合，设备故障等突发事件就容易出现"大脑短路"现象。

更为致命的是，当你在表达时全力地回忆讲稿，根本无暇他顾，很容易变成自说自话。

一问一答之间。

"那么，我们是不是连讲稿也不用写了呢？"一家金融公司年轻的职员石晓舒大声问道。

我说："假如你新买了一台电烤箱，准备烤一顿美味大餐，面对着一排陌生的操作按钮，我猜你会翻找出一样东西——"

石晓舒抢着说："《使用说明书》。"

"对了，《使用说明书》是一份指南，告诉你应该怎样做是正确的，它很重要！尤其是对一个新手来说，没有说明书是不行的，如果是对商品非常熟悉的老手也许就不用看说明书了。"

石晓舒:"您是说当众表达的讲稿就像商品使用说明书?"

我说:"是的。没有说明书你就没有指南。你会理解并记得说明书上面的内容,但是,你见过谁会把说明书一字不落背下来吗?所以,写下来的目的不是为了有稿可背,写下来的目的是让我们更清晰、更熟练、更精炼、更明确。"

著名小说家马克·吐温准备演讲的经历会给我们带来极大的启示。他像打怪升级一样,走过了许多人都曾走过的几个阶段。而他最后所用的图画的方式,更是运用彩排未来的经典范例。

第一阶段:他写出演讲稿,并努力记忆,生怕忘记或遗漏。正如我们知道的,这个方法效果很差。

第二阶段:他把每一段的关键句的核心词写下来,用来提示自己。他觉得这样既不会忘记,又有自主发挥的空间。可是,他把顺序搞乱了,需要经常停下来看稿。这个方法不行。

第三阶段:他再次升级,不仅记关键句子核心词,并把每个词的首字母按顺序写在指甲上。然而,他讲着讲着就不知道讲到第几个指甲了。

第四阶段:他再再次升级,他每讲完一个指甲上的字母,就舔掉字母(这伙计也是够拼的了)。结果,讲完后嘴唇经常是黑的,而且可笑的是,听众不再关心演讲主题,总想看看他的手指怎么了。

第五阶段:他无计可施,苦闷地随手涂鸦,突然灵光一现,记文字困难,为何不把他们画成图画呢?用很短的时间,马克·吐温就用钢笔把演讲内容画成了几幅简单的图画,他发现他可以轻松地想起这些图画。当他在演讲时,这些图画就一个接着一个出现在脑海里。从此,他逐步成为了演讲大师。

无论你现在处在哪个阶段,都没有关系,关键是你要找到一种方法,以帮你记住表达内容,这是每个当众表达者都绕不过去的问题。拼命背词,不是一个好办法,画图的方法值得借鉴。

在培训时,我会将学员分成两组,第一组看一段文字,第二组看一个图片。要求他们记住并立即转述给听众。

结果是：第一组花费的时间平均比第二组所花费的时间要多得多；听众普遍给第二组讲述者评分更高。

因此，在准备当众表达过程中，更重要的是准备好要表达的主旨，内容提纲，理清思路，用生动的语言打动观众。

从现在开始就养成"备"而不"背"的习惯吧！

☆ **彩排未来要按步骤，一步一步进行，不能先想结果**

在波多黎各的圣胡安市，两座大厦拔地而起，相对而立。在它们之间，一根钢丝牢牢地固定在距地面20层楼高的空中。一位73岁的老人，为了创造一个具有里程碑意义的记录，决定在此进行走钢丝表演。他是杂技世家华伦达家族的开创者——卡尔·华伦达。

卡尔·华伦达深深地吸了一口气，双手握着保持平衡的横竿，走上了钢丝。他看到大街上人头攒动，都在举目观望。他小心翼翼，一步一步稳稳前行。忽然，一阵大风从斜后方吹过来，他停下来，调整横竿，移动自己的重心，一只脚刚要转个角度，不幸降临了。他失去了平衡，横竿脱手，他像一只中了弹的鸟，从20层的高空坠落到地面。

他的妻子在事后说，这次表演肯定会出事，因为华伦达在上场前总是不停地对自己说，这次演出太重要了，只能成功，不能失败。而以前每次表演前，他只想着走钢索的表演过程，从不考虑表演的结果。

后来心理学家还对此事进行专门研究，提出了一个"华伦达心态"，即专心于事情过程的本身而不在意事情的目的和结果的心态。

在给小小的绣花针引线的时候，你越是全神贯注地努力，你的手抖动得越厉害，线越不容易引入。医学上称这种现象为"目的颤抖"。

一问一答之间。

"这个发布会对我太重要了，你一定要帮帮我……"李总加重语气对我说。

我说："以瓦注者巧，以钩注者惮，以黄金注者殙。其巧一也，而有所矜，则重外也。庄子在两千年前就告诉我们了——凡外重者内拙。"

李总的问题在于过于执着于事情的结果，过于关注问题，造成不自信、背上沉重的包袱，心理失衡，不知所措。

这种情况下，应该放下结果，把精力放在过程上才是正确的做法。结果是不可控的，过程是可以掌控的。而且，分解后的过程也会把看似大如山的问题，变成一个个小问题去解决。在过程中每个步骤都做对了，结果自然就对了。

正所谓，战略上藐视敌人，战术上重视敌人，才是正确的做法。

"快乐触发"就是战略上藐视敌人，"彩排未来"就是战术上重视敌人。我们做彩排未来就是要从战术层面上一步一步、一遍一遍地预演，不能图省事，不能略过，尤其不能只想最后的结果或只想整体的效果。

我们以刚刚想象过的吃烤肉的这一段为例，假设我们要当众表达这件事（我们把称谓改为第一人称），看看彩排未来如何按步骤、一步一步进行的。

我来到烤肉店的门口，门童礼貌地为我推开大门。

伙计热情地招呼我，为我安排座位。我精心地挑选了几样特色烤肉，红彤彤热烘烘的炭火被稳稳地安放在炉子里。

烤肉放在箅子上，发出滋滋的声响，一滴滴热油顺着饱满的肉的纹路慢慢滑下，掉到炭火上，"刺啦、刺啦……"冒出一缕缕青烟，一股特有的浓香随着我的呼吸，进到我的鼻子里，口水开始在我嘴里泛滥。

我终于忍不住，夹起一块烤得焦黄的肉，一口咬下去，哇！满口火热沸腾，肉经炭火熏烤，本身已经香气四溢，又因椒盐辣酱的增色，变得更加入味，嫩滑、焦酥、鲜咸、麻辣一瞬间都在口中翻腾舞蹈起来，满满的肉香从舌苔开始扩散开来，到舌尖、到舌根，再到喉间，我慢慢地咽下，品味着余香，满足地眯起了眼睛……

你一定注意到了，我把这段讲稿分成了四段，这是四个场景，我按这四个场景像看电影一样进行彩排未来，电影的主角就是我自己。

第一个场景：进门；

第二个场景：入座；

第三个场景：烤肉；

第四个场景：吃肉。

现在运用你的想象力，你可以闭上眼睛，也可以睁着眼睛做白日梦。你在彩排未来时，一定是一个一个的场景，要让自己进入画面中或者看到自己在画面中才行。

第一个场景：进门。想象自己站在门口，门是什么样的？门童是什么样的？怎样的动作开的门？你是怎样走进大门的？你看到了什么？听到了什么？感觉到了什么……

第二个场景：入座。是个什么样的伙计在招呼你？招呼内容是什么？他的神态动作是怎样的？是看到还是听到还是感觉到什么而说他是热情的？怎么安排的座位？你们之间有对话吗？座位是什么样的？你坐下后干了什么？伙计又做了什么？精心挑选是什么样的？炭火怎样被端上来的？看起来是什么样的才叫红彤彤？感觉怎样才叫热烘烘？炉子什么样？谁？怎么把炭火放进炉子的……

第三个场景：烤肉。烤肉是什么样子的？能听到"滋滋"声吗？肉的纹路看到了吗？热油是怎样出现的？又是怎样滑下的？"刺啦、刺啦"声是从哪发出的？一缕缕是什么样的？能想出浓香的味道吗？想象到这时有口水流出吗……

第四个场景：吃肉。是迫不及待地，还是假装斯文地夹肉？能想象现在的肉和刚才的肉有不同和变化的过程吗？是咬了整块肉的一部分还是整块送进嘴里咬的？能体会到满嘴烤肉的感觉吗？你能感觉出嘴里的烤肉有几种香味吗？肉在嘴里舞蹈是什么样的？肉香扩散感觉得到吗？慢慢地咽下是怎样的？余香和刚才的香味有什么不同？你满足时是什么样子的……

我们按照场景的顺序预想了整个过程，就是一步一步预想下来，想象的完全是看到的、听到的、感觉到的……想象的完全是画面、声音、动作……想象的完全是我的所作所为、所思所想、所悟所感……

这样下来，只要你有基本的表达能力，就可以把这件事情跟大家讲清楚。也许表达的过程并不一定原封不动地按原文说出，但这又有什么关系呢？你可能说得不如原文精彩，不过，也可能远远好于原文。比如，你加入了幽默的元素，我就听到一位赵女士上来就说，"我是吃货一枚""不等门童开门就自己冲进店门"，等等。你也能讲得更有才情，一位林先生就加入了"黄门飞鞚不动尘，御厨络绎送八珍"的诗句，说只对烤肉情有独钟。

如果说，一定要背稿子，背的就是其中你觉得非常精彩的段落，名人名言，引用的诗句名句，精练的结论等，其余的要把你彩排未来的成果用你的语言表达出来，这恰恰是可以展示你自己独特语言的魅力时刻。

有一部科幻片《盗梦空间》，主人公是一名造梦师，也是一个经验老到的窃贼。他潜入别人梦中，窃取潜意识中有价值的信息和秘密。他也可以通过这种方式在别人的潜意识里植入一个想法，而整个过程都是通过做梦完成的，正如影片中所呈现的，如果不借助一个类似小陀螺的物件，连影片的主人公都分不清到底是在梦境中，还是现实中。

科学研究显示，潜意识对人的影响比意识对人的影响大得多！

如果你看过这部电影，就会理解这种通过大脑想象的方式来彩排未来，会对真实的事情产生多么大的影响了。

当然，你要多做几次彩排未来，尤其在刚开始运用还不太熟练的阶段。有人问过我做几遍合适呢？我的回答是：越多越好，直到有真实感。

最初，我将当众表达的人分为："讲得好的"和"讲得不好的"两类。后来，我将当众表达的人分为"准备得好的"和"准备得不好的"。

接下来，是彩排未来的重要的一环，你要通过想象预演表达现场的情景，在你的头脑中构建和想象出你将要去当众表达的场所。

这要求你对要表达的场所，对听众的情况有基本的了解。你的预演可以从进入会场开始。

"想象自己穿着得体，心情愉悦地走进会场，看到讲台布置简单而整洁，看到听众礼貌地坐在台下。

主持人介绍完你，你自信地走上台去，目视听众，接受听众或敷衍、或礼貌、或热烈的掌声。

想象自己在顺畅的开场白后，开始表达你很熟练的内容，开头、第一部分、第二部分、第三部分……结束语。想象自己表现得自如放松，在跟听众很好地目光交流，语言互动，肢体富有感染力，想象在每个环节听众可能做出的反应，一直到结束，你戛然而止，听众意犹未尽，你以一个当众表达成功者的姿态离开。"

我们在头脑中彩排了当众表达的过程，这个过程就是未来你要实际完成的过程。你要彩排的是自己在这个过程中每个步骤的表现，尽量把每个步骤的细节预演出来，尤其是你设计的关键环节，包括环境及听众可能的反应，每个环节都应该预演到最佳状态。

当然，如果你的表达很长，你也可以分成几部分进行彩排未来，这样做的好处是，可以做到深入细节，也可以避免时间太长而让自己不能集中精力。

也许你到了现场和你预演的理想状况有很多不同，但至少你已经做了预判，你可以对自己说："你看，果然不出我所料。"请体会一下，这句话对你保持自信该有多么大的作用啊！如果你足够幸运，遇到了一个好的环境、好的氛围、热情的听众，你就可以放开手脚展示啦。

很多有关教授人们如何当众表达和演讲的书中，建议人们对着镜子练习。偶尔看看外在形象、肢体语言尚可，但是，我不建议你长时间地对着镜子练习。请注意，在镜子中你看到的只有自己，它会让你越来越趋于自我对话的模式，体会不到听众看着你的感觉，体会不到现场互动的感觉，这是多数人在现场中无法达到忘我的状态的原因所在。

我强烈建议你在当众表达前，录音或录像进行预先演练，录像最好。现在，我们的手机功能强大方便，打开相机功能，点击视频，选择镜头面向自己，固定好手机，调整好角度，好了，可以开始录像了。录完之后，播放观看，头几次看时，你会不太适应，会发现许多以前不曾注意的问题，然后，你可以删除，再录一次，再看，改正，再删除，再录……

另外，有些软件可以实现在手机上演讲实录功能，更正式一些。

我要提醒你注意的是，如果你之前从未听过自己录像的声音，你要有个思想准备，很可能你的感觉是："这是我的声音吗？"因为我们平时听到自己的声音是经过头内的传播和空气传播的混合声音，而我们录像听到的是空气传播的声音，所以会有所不同，刚开始听会不太习惯。你应该接受的是听众听到的声音和你听到的不一样，听众听到的是只有空气传播的声音，录像里的声音才更接近听众听到的声音。

每个成功的戏剧，当剧本敲定之后，都会进行无数次细致的彩排。剧本不会自动变成好的演出，需要彩排。表达稿也不会自动变成好的当众表达，需要练习。戏剧会先分场景、分对白等进行彩排，到一定阶段就会到舞台实地彩排。

但是，你也知道，当众表达很多时候没有机会进行实地练习，如果你有这样的机会，千万要珍惜。我见过许多人都不太愿意练习，他们觉得很别扭，而不愿去做，从而错失了发现失误或更精彩表现的良机。

彩排未来就是大脑练习，一遍一遍，直到你可以跟自己说："嗯，我做得到了！"

2008年北京奥运会上，陈艳青以总成绩244公斤成功卫冕举重女子58公斤级冠军。她比赛中的技术动作娴熟，节奏恰到好处。

当有人问到陈艳青上场前想过得冠军吗？她说，每次比赛前，我都要把技术动作，每个步骤和细节在脑子里过一遍，只要技术动作做到位了，成绩自然就出来了。

彩排未来，大脑练习的过程越到位，步骤、细节越清晰，你就会越积极、越自信，你就会相信自己的未来，当众表达的最佳表现自然就出来了。

著名诗人食指那首广为流传的《相信未来》就是彩排未来应该保有的态度。

当蜘蛛网无情地查封了我的炉台

当灰烬的余烟叹息着贫困的悲哀

我依然固执地铺平失望的灰烬

用美丽的雪花写下：相信未来

……

现场中让自己达到忘我

现场有体验

你有喜欢的歌星吗？歌星会发行专辑，我们会反复听这些歌，百听不厌，觉得简直就是天籁之音，此曲只应天上有，人间能得几回闻。

很多人都知道，歌星发行专辑里的歌是在录音棚里录了无数遍，选出最好的那一遍录制的，甚至有的人是一句一句唱，挑最好的合成在一起的。也就是说，专辑里的歌是歌星唱这首歌的最高水平、最佳表现，听起来效果最好的。

你也会去参加你喜欢的歌星的演唱会吧，到现场去"疯"一回。

在演唱会的现场是个什么情况呢？说实话，除了个别实力派歌手，在演唱会上歌星们唱的歌，怎么说呢，也就那样吧，不跑调就算很好的，实在无法跟其发行的专辑相比。顺便提一句，演唱会中歌星也会经常出现忘词的情况呦。

既然如此，你想过一个问题吗？我们为什么愿意花比买专辑高出上百倍的价钱，去购买演唱会门票呢？

因为我们可以近距离看到心中的偶像，因为我们不但听，还会看到视觉盛宴，因为我们能感受到现场热烈的氛围……有很多歌星在演唱会上，会经常把话筒伸向观众，大声喊：大家一起来！然后，全场齐唱。

演唱会吸引人之处就在于有现场的魅力！

当众表达中，直接面对的就是听众。你的听众选择到现场来，而不是选择看文字或听录音，就是因为同样的内容，现场与看文字相比最大的优势是，现场能体验到不一样的氛围，能产生体验共鸣。

有过这样的体验吧，拿到一个集体合影，你首先会先看谁？对，先看自己，人们最关注的人是自己。在当众表达现场时，我们自然的反应是特别在意自己的表现，然而越是在意自己就越是放不开，眼睛不知该往哪看才对，双手不知该往哪里放才对……

反过来，你开始关注听众，首先在心理上就满足了听众的需求。你要关注到听众的状况，始终以合适的节奏推进你的表达，调动他们投入进来，让他们感知到你非常重视他们。

忘了自己，赢得自己

你有过这样的体验吗？当你认为自己是对的，别人是错的，而和别人争吵时，你会能量十足，思路敏捷，气势如虹。此刻，你完全不在乎别人怎么看你，你完全处于一种"忘我"的状态。当然，当众表达不是以争辩为目的，但体验到这种状态对我们在讲台上克服紧张、有自信的表现非常有帮助。

那些在当众表达表现自如流畅，都是创造了一种合适的氛围，让情绪在现场恰当流动，带领听众去领略思想的盛宴。当问及他们在台上的感受时，他们说，那是一种状态，是一种忘我的状态。他们没想身在何处，他们没想成败得失，在他们眼里满场只有可爱的听众，只有飞翔的思绪，只有激情地投入。

诺贝尔文学奖（1909 年）获得者塞尔玛·拉格洛夫（Selma Lagerlf），出生在瑞典西部韦姆兰省的一个世袭贵族的家庭。

她从小就得了一种疾病，双腿麻痹，不能行走。一次，她们出去旅行，住在一位船长家里。船长的妻子是一位极其善谈的人，她给小塞尔玛讲了许多海上的奇闻逸事。小塞尔玛听得津津有味，当船长的妻子讲到船长有一只漂亮聪明的天堂鸟时，小塞尔玛眼睛发亮，听得入迷。她做梦都想看看这只天堂鸟。

终于，船队返航了。仆人去寻找船长的时候，小塞尔玛独自在甲板上焦急地等待。一个水手走过来，小塞尔玛央求他带她去看天堂鸟。水手不知道她不能行走，拉着她就往前走。

返回的仆人惊叫起来，因为，小塞尔玛只想着要看天堂鸟，竟然忘我地拉住水手的手，一晃一晃地走起来了。

小女孩塞尔玛·拉格洛夫对天堂鸟的极度渴望，让她根本没有考虑自己会不会走路，她忘记了自己，满心只有天堂鸟。

忘了自己，就赢得了自己！

所以，在现场中，当众表达的三个关键因素的排序是听众、内容、自己，把焦点放在听众身上，关注他们，满心只有听众。自己反而排在最后，此时要达到忘我的境界。

2003年11月，中国女排在日本大阪进行了一场艰难的比赛，虽然不是冠亚军争夺赛，却给人留下极其深刻的印象。中国队的对手是美国队，美国女排一开局就打得很顺，一路领先。中国队一度非常被动，总比分1∶2时，更是被逼到输球的境地。最艰难的第四局，两队打得非常激烈，而中国队显得更有耐心、更放松，没有受场内观众带有偏袒的助威声所影响，逐渐进入状态。最终，中国队连赢两局，3∶2取得比赛胜利。

当时，美国女排世界排名第一，中国队在实力上并无胜算。赛后，记者问："今天，中国队取胜的关键是什么呢?"主教练陈忠和说，关键时刻心态好，打得自信，落后了也没有乱，达到了一种忘我的境界。队长冯坤说，中美两队都发挥了高水平，关键是我们最后达到了忘我境界。

我们注意到，陈忠和与冯坤不约而同地提到了"忘我境界"。忘我境界让他们战胜了强大的对手，这也告诉我们，挑战越大越应该达到忘我境界。

不患得患失，拿出"忘我"的状态，就能让我们有上佳表现，创造奇迹!

积极心理学奠基人、创造力大师、美国芝加哥大学心理学系主任米哈里·希斯赞特米哈伊（Mihaly Csikszentmihalyi）发现一个有趣的"心流"理论。

艺术家在一幅画创作顺利时，会全身心地投入，废寝忘食，感受不到疲惫和任何的不适，仿佛全世界只有画画这一件事，直到创作结束。这就是处于心流状态。他将心流的表现特征概括为六点，包括"强烈、集中的注意力""行动和意识的融合""能从容应对局面，完全控制自己的行为""自我意识的消解""时间的扭曲"以及"内在奖励，行动本身即是目的"。所以，心流是一个人面对挑战时，忘我投入的一种状态。

当我们已经站在台上，面对听众，我们最佳的状态就是处在"心流"

之中，心流在当众表达上的应用就是现场中自己要达到忘我的状态，既兴奋又强烈地充实感。同时，也在告诉我们，要勇于面对更高的挑战。

下场后让自己得到提高

伴随着热烈、激动的掌声或平淡、礼貌的掌声，你向听众致谢，离开讲台。你舒了一口气，在心里说，结束了。

可是，严格地讲，还没有结束。

我们经常看到一些著名的演员召开个人表演艺术研讨会。很多演员在演出结束后，最急切想了解的是自己表现的好坏，及时接受各方面的反馈，整理自己的做法作为经验。

常言道：失败乃成功之母。我们常说这句话，想过这句话有什么不对吗？

这句话本身就是个悖论。难道为了成功先要去追求失败？失败本身并不能直接孕育成功。

请记住，失败后总结才是成功之母！

无论是成功的经验，还是失败的经验，都是宝贵的经验，这些不断积累的宝贵经验，令我们倍添信心，获得成长。

毫无疑问，当众表达后作自我回馈和总结，是不断提高的最重要方式。下场后最该做的就是及时总结自己。

如果不在每次当众表达后进行及时的自我回馈和总结，就像这个数学算式一样，$1^{10} = 1$。我们做 10 次当众表达，却相当于只得到一次当众表达的经验。

如果每次当众表达后都及时总结自己，每一次对自己都加以检讨和改进，就像这个数学算式一样，$1 \times 10 = 10$。我们做 10 次就会得到 10 次的经验。往大了说，有些人做十年的事情，就有十年的经验，有些人做十年的事情，只相当于一年的经验，经验的积累不是自然而然得来的，最大的区别是有没有很好地总结自己。

回放

现在的录像、录音技术是如此的方便。你手上的智能手机就能解决这个看来很麻烦的问题。

带领美国篮球梦一队出征巴塞罗那奥运会的主教练查克·戴利说："掌握信息的唯一办法就是，从视频上看事情发生的经过。只有在这个时候，运动员和教练员才能发现到底是哪里出错了。视频不会撒谎，有时候，要掌握真实情况还需要我们反复观看视频。"

这种方法真的非常有效，以至于带给你意想不到的收获。当你听着自己或看着自己在当众表达时的表现，你会有全新的体验。你会从旁观者的角度，来看自己，轻易地发现自己好在哪里，不足在哪里。你仅需养成一个习惯，就是录下自己的表现。从技术上来说，录音自己操作就可以了，录像一般需要求助他人——现场的某人，可以是你的朋友、助理、会议组织者、现场工作人员、听众，当你向他们提出请求并说明为什么时，很少有不同意帮忙的，有时还会得到赞扬。当然，有些需要保密，或明确不允许录音录像的场所，你就要采取其他的方式了。

下一次

大西洋碧波荡漾，一艘游轮缓缓地行驶在海面上。甲板上史教授正在与一位学者攀谈着。

"我得了严重的胃溃疡，准备到英国去接受治疗。"史教授说道。

学者说："多数的胃溃疡患者是由于长期情绪焦虑引起的，你可以尝试在心理上做些调整。"

教授不解地问："我目前的工作确实给我带来很大的压力，可是我该怎样调整我的心理状态呢？"

学者说："我给你一个建议，你需要从对过去事情的焦虑中抽离出来，转而把焦点放在未来上。焦虑过去的自我对话模式是，如果当初我要是如何如何。焦点在未来的自我对话模式是，下次我要怎样怎样。这个简单的方法可以很好地缓解人的焦虑，你可以试试看。"

一年后，史教授给这位学者寄了一封信，表达了诚挚的谢意，自己的胃溃疡已经治愈，连医生都觉得不可思议。在信的最后，史教授说游轮甲板上的那次谈话改变了他的生活，那是一次幸运的相遇。

美国著名心理学医生恺撒恩曾对人们说："我从事心理医生这个职业30多年，记录过3000多种治疗方法，却可以归结为几个字。"

这太不可思议了。

当他写下："如果……下一次"这几个字时，人们陷入了深思。

恺撒恩多年的医疗经验让他发现，大多心理疾病都是纠结于"如果"造成的。"如果我当年好好学习""如果我不一时赌气""如果我能不那么傻"……当人们纠结于"如果"时，心境是消极悔恨、怨天尤人、无能为力的。恺撒恩说，我采用数千种治疗方案，这些方案千差万别，但核心的思路就是把人们的想法从"如果"引导为"下一次"。"下一次我要珍惜难得的学习机会""下一次我要理智一些""下一次我要想清楚再决定"……当人们把想法变成"下一次"时，心境是积极乐观、寻找机会、计划行动的。

我们不沉浸在失败的痛苦中，从失败中汲取营养，为下一次奠定成功的基础；我们不迷恋于成功的喜悦中，从成功中看到挑战，为下一次撑起更大的成功。

如表 2-1 所示。这张表格帮助了许多人进行自我总结，并为下一次提高提供了足够多的信息。

请留意，这张表格不是交给别人去填写，它是你自己需要在当众表达后自己完成的。

如果我问你，"这四个问题哪个需要花更多的时间？"是的，第四个问题。你肯定已经注意到了，这个问题是在前三个问题的基础上得到的答案，而且它是我们下一次做得更好的指南。

你最好在不被打扰的情况下完成，这并不太容易，尤其是在当众表达的现场。如果条件允许的话，你可以找个角落，拿出表格认真填写完成，这当然最好。如果不能，你可以让自己的思绪暂时从现场短暂抽离出来，按表格上的问题问自己一遍，并在心中回答。这样做虽然比不上你直接填

表 2-1　下一次表

下一次表
我自己觉得最满意的是
1.
2.
3.
可以改进的地方是
1.
2.
3.
我希望别人给我的回馈是
1.
2.
3.
下一次，我会做以下的改变
1.
2.
3.

写表格，但好过什么也没问自己。

没错，总结自己，让"下一次"表现更好是重点！

反馈

中国有大众影评、豆瓣、时光机等，美国有个烂番茄影评网。在这些影评网里，你可以看到大家对某部影片的评价。所谓好评如潮，所谓骂声一片，观众在这里抒发自己的看法和情感。

然而，当众表达后的听众好像并没有多大热情给当众表达者进行中肯的回馈和评价，有些培训、研讨会等小型活动的组织者会要求听众给当众表达者打分，通常是在讲完后，发给每个听众一张回馈问卷，请听众就问卷上面的问题进行打分回馈。

如表 2-2 所示。有的简单一点，类似这个版本。

另外，现在互联网、智能手机如此方便，有许多实用的线上回馈方式，比如乐调查、调查派、问卷星等。

你可以通过类似的回馈获得一些信息，帮助你了解一些听众的想法，

表 2-2　当众表达反馈

当众表达反馈评估

1. 您认为本次活动对您有帮助吗?
　　□ 帮助很大　　　　　□ 一般　　　　　　□ 帮助不大
2. 您认为演说者的专业形象如何?
　　□ 很好　　　　　　　□ 一般　　　　　　□ 较差
3. 您认为演说者的能力如何?
　　□ 很好　　　　　　　□ 一般　　　　　　□ 较差
4. 您认为本次活动的内容是否合理?
　　□ 合理　　　　　　　□ 不合理
5. 您认为本活动的时间安排是否合理?
　　□ 合理　　　　　　　□ 不合理
6. 您对本次活动的场地和硬件设备是否满意?
　　□ 满意　　　　　　　□ 一般　　　　　　□ 不满意
7. 您对本活动的建议是:

_____

_____

8. 您希望以后增加哪些方面的内容?

_____

_____

_____

你可以把这些信息作为改进和提高的参考。不过,我们应该清醒地意识到一点。一般来说,分数不会太低。组织者当然不希望评分低,大多数听众并不是非常在意,回馈的都比较随意。还有些时候它很像某宝上面的商品评价,你懂的。

有一次,组织者用手机扫码的方式请现场的听众为我刚刚结束的演说回馈打分,分数自动生成,我看到了一个较高的分数,心中有点小得意。当组织者把分数录入到他们的电脑系统中时,我瞥见以往的评分情况,几乎所有的分数都在这个分数左右。显然,普遍都会得到一个较高的分数。

一位职业当众表达者的经历能让我们对高评价有一个清醒的认识。她说,她的表达大受欢迎,听众时而凝神倾听,时而哈哈大笑,时而认真记录,时而静静沉思……这绝对是极其成功的当众表达。她满心欢喜地走下讲台,活动组织者走过来竖起大拇指说道,讲得真好,太棒了! 她假装无所谓，谦虚地摆摆手，心里却非常自豪。这时，下一位表达者正在台上，他的内容陈旧、逻辑混乱、枯燥无味，听众昏昏欲睡、几欲离席。终于，这位表达者走下讲台，活动组织者迎向前去，握住他的手。这是多么难堪的场面啊，组织者该说点什么呢？组织者竖起大拇指说道，讲得真好，太棒了！组织者给出了一模一样的说辞。

所以，你可以把听众的回馈作为参考，如果分数很高你没必要暗自窃喜，也许你真的好，也许这并不代表你真的有多么的好。

反之，如果分数较低，就要引起你足够的重视了，这完全可以说明，要么你在表达中冒犯了听众，要么你有比较严重的问题，要么你需要提升的空间真的太大了。我们要弄清楚究竟是怎么回事，这样我们就可以在下一次做得更好了。

如果在听众中有你的朋友，你倒是可以跟他虚心地交流，一般来说，都会得到一些有价值的回馈。即使你只是单独问某位听众简单的一句："您能告诉我刚才的表达我最好的一点和最应该改进的一点分别是什么吗？"也可以得到有价值的信息。

如果我在这里立一个标尺，刻度从 1~10，1 代表当众表达的水平很差，10 代表当众表达水平卓越。你给自己选一个刻度，代表你现在的当众表达水平，然后再选一个刻度，代表你未来想要达到的水平。

现在的水平：_____

未来的水平：_____

这两个刻度之间就是你的差距了，努力去缩小这个差距，就是我们要做的事。

你也可以找你的家人和朋友，让他们给出你现在表达水平的刻度是多少。

朋友眼中我现在的水平：_____

这个也许能更客观反映你现在的真正水平。

曾经有人问泰戈尔三个问题：第一个问题，世界上什么最容易？第二个问题，世界上什么最难？第三个问题，世界上什么最伟大？

泰戈尔回答：指责别人最容易；认识自己最难；爱最伟大。

我们应该做的就是不轻易指责别人，努力认清自己，带着爱去面对你的听众！

回顾一下：

● 在上场前要让自己进入角色；

● 在现场中要让自己达到忘我；

● 在下场后要及时总结自己"下一次"；

● 快乐触发让我们用情绪感染听众，彩排未来让我们预演当众表达，自信满满，这是非常有效的两个技巧，值得你去不断尝试。

上场前、现场中、下场后和我们一次成功的约会何其的相似啊。

在约会前，我们认真地准备自己，反复地照镜子，带着兴奋、紧张的心情出发。在约会中，关注约会的对象，冷不冷？热不热？注意对方的需求，询问对方的想法。约会后，我们会忍不住回想刚才约会的过程，每个细节，或开心、或懊悔，不禁想，下次约会我要这样是不是就能牵手成功了……

来吧！跟你的听众来一次美妙的约会吧！

第三章　设计内容

用语言表达设计是另一种设计行为。

——原研哉

让我们的设计成为爆款

如果现在有人邀请你在下星期进行一次当众表达，你会不会问自己："我讲什么呢？"大多数的表达者会问这个问题。

是不是觉得毫无头绪，搜肠刮肚却一无所获，有种"千山鸟飞绝，万径人踪灭"的感觉。

还是觉得有很多可讲的，可是就是不知道讲什么，有种"乱花渐欲迷人眼，浅草才能没马蹄"的感觉。

抑或是也看过，听过许多经典的表达内容，轮到自己却依然拿不出令自己满意的表达内容，有种"书到用时方恨少"的感觉。

那么，怎样才能设计出一个好的当众表达的内容呢？

明确当众表达目的是设计内容的前提，正如再先进的导航系统如果没有目的地也不知应将你指引向何方。

罗马哲学家塞内卡说："对于一艘盲目航行的船来说，所有方向的风都是逆风。"所以，我们先从弄清楚当众表达的目的开始吧。

小时候，我到北方的农村，冬天很冷，天刚黑的时候，孩子们都愿意挤到刘爷爷家里，刘爷爷坐在炕上，给孩子们"讲古"。后来，有些大人也来听，往往屋子里坐满了人，不时发出欢快的笑声。

刘爷爷带给我们的是一份驱赶了寂寞的快乐。

开春的时候，人们都忙了起来，可是，天黑的时候，人们依然往刘爷爷家里跑。因为，农科站的李技术员在这里给大家讲解无土栽培，大家听得很认真，还会拿出半截铅笔在小本子上记着……

李技术员给大家带来的是急需的技术。

谁都知道这群听众并不是传统意义上的"好听众"，他们是不容易注意力集中的孩子，和识字不多的农民。

可是，这样的当众表达牢牢地吸引了他们。

有一辆公交车每天早上都会载上同一批乘客。几年来，乘客都已彼此熟悉，但互不理睬，连招呼也不打。一位老人的出现，打破了车厢内的沉闷气氛。他一上车，就大声对司机问候道："早上好啊！"人们无动于衷，司机也仅仅是吭了一声，算是回应。第二天，老人上车依然大声打着招呼："早上好！"直到第五天，司机回了一句："早上好。"老人热情地说："我叫摩尼，您贵姓啊？""我叫拉尔夫。"司机回答。就这样，摩尼把"早上好。"送给了每一位乘客，人们露出笑容，车厢内有了活力。

可是，摩尼的短期搭乘很快就结束了。公交车里又恢复了以往的死气沉沉。乘客中有一个叫叶斯的小男孩，非常怀念每个人脸上友好的笑容。一天，叶斯鼓足了勇气像摩尼一样喊了声："早上好！"所有乘客都露出了赞赏的笑容。

后来，叶斯将这件事写成了一篇作文，题目就叫《公交车上的领袖》。

摩尼的到来让人们发生了改变，他给人们带来了一份"礼物"，这份礼物能够温暖人的内心。同样，刘爷爷和李技术员也给人们带来了一份"礼物"。

作为一名当众表达者，我们不再纠结于我们要得到什么，而是转而想："对听众来说，我的价值在哪里？我可以给他们什么礼物？"我们就有了正确的方向。

所以，我们当众表达的目的不是去讲点什么，我们的目的是送去一份有价值的"礼物"。

你设计的内容是他们想要的一份"礼物"吗？

一位大型企业的高管要在年初召开一次内部会议，看完他的发言稿，我问他："你的目的是什么？"

他回答道："布置任务和工作策略。"

他回答的没错，但我有点担忧他这次发言的效果，这不是一个好的回答。

一位公司总裁要在新产品发布会上致辞，向我寻求帮助，我问他："你致辞的目的是什么？"

他愣了一下，好像从没仔细想过这个问题，他回答道："欢迎大家、介绍公司啊。"

他回答的没错，可这也不是一个好的回答。

一位准备参加演讲比赛的大学生向我咨询，"我应该讲点什么。"

我问他："你演讲的目的是什么？"

他说："得到第一名。"

我说："这不是你演讲的目的，这是你参加比赛的目的。"

我能看出来，他有一点迷茫。

好的当众表达的目的不是为了传递信息。

好的当众表达的目的不是为了留个印象。

好的当众表达的目的更不是为了赢了别人。

我们的目的是送去一份礼物：**通过建立信任，让听众发生改变！**

听众发生了改变，这样的表达才有价值与意义。这也是让我们的设计成为爆款的根本所在。

如何建立信任

当众表达的价值在于听众发生了改变，无论是思想上的，还是行动上的，这样的表达产生了力量，影响了听众。

如果听众的状态和我们没表达之前一样，就是在浪费时间，毫无价值可言。

人们接受你的观点，人们按你的提议去做，愿意发生一些改变，一定是基于两点：

● 他们相信这个人；

● 他们相信了内容。

相信人在相信内容之前。最典型的一个例子是中国历史上的"烽火戏诸侯"。当诸侯不再相信周幽王，周幽王所提供的烽烟的信息他们当然也就不再相信了，即使他是王。

刘老师是位风趣幽默的人，个子不高，面容和善，剃个光头，一年四季总喜欢戴顶礼帽。一次，刘老师到杭州游玩，正在西湖边散步，迎面走过来一个僧人打扮的人，拦住刘老师说："先生请留步，我送您一句话，不要钱。"刘老师抬头看了看这个僧人打扮的人，摘下帽子指指对方的头，指指自己的头，笑着说："同行，今天没穿工作服。"接着又说："干这个挣不了多少钱，我都不干了。"对方说："那干什么挣钱啊？"……

假和尚说的话，刘老师当然不会相信。

要取得信任就要讲由心而发的内容、你认可的内容、我们自己坚信的内容，如果你讲的内容连你自己都不相信，岂不成了口是心非了吗？也许高超的演说技巧可以增加人们对内容的相信度，但是，这就如同装修得再华丽都不能解决房子本身存在的质量问题一样，表面功夫只能迷惑一时，不会长久。

我们如何才能心口如一，让听众信服呢？

答案是你要清楚自己的价值主张，让你讲的内容始终与自己的价值主张保持一致，你就是一个心口如一的人，你就对自己讲的观点深信不疑。

我们先来看看价值主张对我们当众表达究竟有多大的影响。

在达州市宣汉县下城壕街上，发生了一件引人关注的事情，在网上广泛传播的一条"女子当街扇母亲耳光，路人看不下去当街踹倒"的视频记录下了这件事的整个过程。视频显示，4月26日，一名身穿白色上衣的年轻女子与一名身穿黑色上衣的年长女子当街发生争执（据称两人系母女关系）。刚刚争论几句话，年轻女子抬手扇了其母亲一耳光。路人见状上前劝阻，年轻女子挥舞胳膊试图打劝阻的人，被众人纷纷围住。母亲见女儿被众人围住，还一直维护。一名男子实在看不下去，一脚将打人的年轻女子踹倒在地……

这件事情很短，过程也不复杂，但有许多人参与其中，至少我们可以辨识几个角色：A打母亲的年轻女子、B挨打的母亲、C踹倒女子的男子、D围观群众、E阻止女子的路人、F录视频的人、G在网上传播视频的人。

我们就以此为例做个实验。这个实验分为四个步骤。请你准备好一支笔，最好能打开手机里的录音功能，一会儿录下你表达的内容。

第一步，请你判断一下，这七个人的做法，你赞成谁，你反对谁。如表3-1所示。

表3-1　价值主张判断（一）

序号	角色	赞成的画√　反对的画×　无法判断的画○
A	打母亲的年轻女子	
B	挨打的母亲	
C	踹倒女子的男子	
D	围观群众	
E	阻止女子的路人	
F	录视频的人	
G	在网上传播视频的人	

第二步，如果你是本次事件中的一员，你最希望是谁，最不希望是谁。如表3-2所示。

表 3-2 价值主张判断（二）

序号	角色	最希望是的画√ 最不希望是的画×
A	打母亲的年轻女子	
B	挨打的母亲	
C	踹倒女子的男子	
D	围观群众	
E	阻止女子的路人	
F	录视频的人	
G	在网上传播视频的人	

第三步，假设你正面对一群人，你要说一说你画√的人，说一说你为什么最希望是他，说说你的理由；然后，你再说一说你画×的人，说一说你为什么最不希望是他，说说你的理由。不用准备，立即就说。并用手机录下来。

能说出来吗？绝大多数人能说出不止一条理由。你感觉困难还是容易？大多数人觉得很容易。

第四步，假设你正面对一群人，你反过来说，把最希望的角色变成最不希望的，说一说你的理由；再把最不希望的角色变成最希望的，说一说你的理由。

能说出来吗？你感觉困难还是容易？这一次大多数人会觉得非常困难。在实践中，经常出现说不下去的情况。甚至有许多"演说高手"面对此项实验都纷纷败下阵来。

怎么回事？前一分钟还侃侃而谈，坚定自信，理由充分，后一分钟就变得语无伦次，闪烁其词，理由乏力了呢？

问题就在于，你第一次说的是你的心里话，是符合你价值主张的话；第二次你说的不是你的心里话，不是符合你价值主张的话。

当众表达"通过建立信任，让听众发生改变"，就要求当众表达者有明确的主张和观点，赞成什么，反对什么，倡导什么，抵制什么是表达清晰的。

模棱两可，只会让听众无所适从，失去听众信任。你是人云亦云，还是有自己的主见，就看你的价值主张是不是明确清楚了。

它的另一好处，还能使我们的表达保持前后一致，言行一致！

像赠送礼物一样轻松设计

前几天，我无意中看到电视里有档选秀节目，一位歌手正在"炫"他的唱功，先是用美声唱法唱了一段《我和我的祖国》，接着又用民族唱法唱了一段《南泥湾》，最后用通俗唱法唱了一段《白天不懂夜的黑》。曲调优美，歌声悠扬。我突然想到一个问题：世界上究竟有多少首歌曲呢？估计谁也说不清，因为不计其数。世界上有几个音符呢？只有七个！就是这七个音符不同的排列组合谱成了多如繁星的歌曲。

中国国家教育委员会发布的《现代汉语常用字表》分常用字 2500 字和次常用字 1000 字。经计算机抽样检测，常用字在语料中的覆盖率达到99.48%，掌握了常用字就达到了使用汉语的基本要求。

好消息是，七个音符我们都能哼出来，3500 多个文字我们几乎都能识得。坏消息是，显然，我们并不都能创作出美妙的歌曲，也并不都能讲出有吸引力的内容。关键在于，我们是否掌握了排列组合的原理和方法。所以，我们不用提到"设计"就觉得高不可攀了，简单的理解，设计内容就是合理的排列组合。

设计内容的差别在哪里呢？就在于文字和词语的排列组合不同。正如《圣经·传道书》中所说："太阳底下没有新鲜事，排列组合就是创新。"

在研究大量的当众表达之后，我们发现有吸引力的当众表达内容设计有一定的规律可循，它可以按步骤、有计划地进行，并可以从开始到结束设计有效的表达框架。

前面我们提到，好的当众表达就像带给人们的一份"礼物"。我们就以礼物做个类比，让我们更清楚地理解有吸引力的表达框架是怎样的。

你的好友过生日，你精心挑选了一件他喜欢的礼物，你为这个礼物打个包装，系上一个漂亮的蝴蝶结，送给他。他开心地收下礼物，你们的友谊得到巩固和发展。这个过程是有四个步骤：选择礼物、系蝴蝶结、送出礼物、接受礼物。

我们设计当众表达内容的过程与赠送礼物的过程极其相似，也可以分为四个步骤：确定主题、引起关注、有效呈现、促动改变。确定主题就像选择礼物，引起关注就像系蝴蝶结，有效呈现就像送出礼物，促动行动就像接受礼物。

如图 3-1 所示。

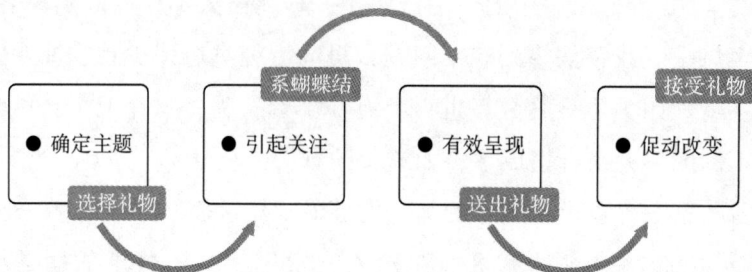

图 3-1　设计内容步骤

就是要这么酷：选择礼物——确定主题

小李已经在商场转了一个多小时了，从他那茫然的小眼神里可以看出来他依然没有拿定主意。下周就是小李女朋友的生日了，可是，小李还没有想好该送什么礼物。生活中很多人不会挑选礼物，每逢到某个节日或纪念日，需要准备礼物时，他们都会为送什么礼物而犯愁，越是看重，就越纠结。

相反，有些人却很会挑选礼物，对他们来说这是一件轻松愉快的事情，他们甚至乐此不疲，总能看到收礼物的人拆开包装时惊喜的表情，他们也因此有美好的收获。拆开包装的惊喜不仅在于看到礼物的那一刻，更是由挑选礼物的时刻决定的。

你问他们是怎么做到的？他们会告诉你："很简单，你要知道对方需要什么。"

确定表达内容的主题就像挑选礼物一样——你要知道听众需要听什么！

主题从听众角度出发

无论是演讲、报告、分享、授课、宣导、通告……都必须解决一个刚性问题，即这个内容主题与听众有什么关系？

无关即无感

想象一下，你送给朋友一条原厂最先进的苹果手机数据线，你口若悬河地说它如何如何好，吹得天花乱坠，你的朋友默默地掏出华为手机，定格这个镜头，你能想象出当时的尴尬吗？

去年，我参加了一个国内著名的论坛，有很多分论坛在不同的场地，我匆匆走进其中一个会议室，里面气氛很热烈，掌声、笑声不断，台上表达的人很兴奋，很有感染力，怎么看都是一场成功的表达。我在里面待了3分钟就走出来了，因为所讲的主题和我无关。

即使迫于各种原因没走，也是身在曹营心在汉了，或者默默地玩起手机。选择与听众密切相关的主题，就是选择听众关心的话题，听众关心的话题从何而来呢？

现在回到本章开头的那个问题，"如果现在有人邀请你在下个星期进行一次当众表达，你会不会问自己：'我讲什么呢？'。"

一问一答之间。

大林问："我当然要问自己，我该讲点什么呢？难道有什么不对吗？"

我说："嗯。表面上看没什么不对，你当然可以千万遍地问自己，可是，除了让你更焦虑，能起多大作用呢？你想换个思路吗？"

大林忙说："快说，快说。"

我说："听众应该听什么呢？"

大林说："……哦，我有了一种向前迈了一大步的感觉，谢谢你。"

当你从"我讲什么呢？"到"听众应该听什么呢？"的时候，你就有了极具吸引力的出发点了，难道不是吗？

你在确定内容主题时，设身处地地从听众角度着想，你要问自己一个非常重要的问题。

"如果我是听众我会希望知道什么呢？"

谭总的广告公司发展得风生水起，发生在他身上的一件事可以让我们更好地理解"如果我是听众我会希望知道什么呢"这句话有多重要。

在谭总公司还很小、没有什么知名度的时候，他得知一家大型洗化公司有一笔 100 万元的广告业务。谭总经过努力争取，得到了一个向包括这家公司副总裁在内的高级管理人员展示的机会，他知道他们公司的实力很难与竞争对手匹敌，这次展示将决定他们公司的命运。他苦思冥想应该向这些高管们讲些什么呢？将要展示的日期越来越近，他仍然毫无头绪。一天深夜，焦虑中的谭总抬头望着满天的星斗，一颗流星划过夜空，他忽然灵光一闪对自己说："如果我是这家公司的高管，我希望知道些什么呢？"于是，他立即拿出笔和纸列出了 10 个问题，并排列优先顺序，就这 10 个问题深入思考。

第二天，他见到这家公司的高管后坦率地说道："我这里有 10 个你们可能想了解的问题，并准备了答案。"这家公司的副总裁指着桌子上的文件说："我们也准备了 10 个问题想要问你，我们能交换一下吗？"谭总说："当然可以，我想不出有什么理由不这么做。"他们将写有各自问题的几页纸交到对方手里后，副总裁笑道："我发现 10 个问题中有 7 个是一样的，也许我们有合作的基础。"原定 10 分钟的展示一直持续了一个多小时。后来，谭总如愿以偿地得到了这笔业务。

在这件事中，谭总成功的关键是什么？

他问了自己一个非常有价值的问题："如果我是高管，我希望知道什么呢？"

这个问题，让他从毫无头绪中见到了曙光。

这个问题，让他从自我的角度转成了从对方的角度。

这个问题，让他找到了自我诉求与听众关心的链接。

你也可以像他这样，在陷入迷茫、找不准主题时，问一句："如果我是听众，我希望知道什么呢?"

表达者陷入"自说自话"大多是因为脱离了听众的需要，他们只是把自己想讲的讲出来，这样讲相对容易，不需要太多的设计，他们列出许多他们所熟知的数据，提供许多他们所熟悉的信息，但听众会在心里说:"这和我有什么关系?"很多情况下，这对达到表达目的和目标没什么益处。所以，真正的当众表达者会转换思维，思考听众关心的是什么，然后与自己表达想要达到的目标相结合，确定表达的主题和内容。

三步定主题

在组织中，很多人要作工作报告，善于做工作报告的人，会根据不同场合、不同的报告对象，对报告内容做出相应的调整，虽然报告的信息基本一致，但绝不会一份报告打天下。

比如，你是一位财务经理，你要定期做工作报告，报告对象之一是公司高管层，你大致应该确定"从财务数据看公司发展现状及决策，重点项目进展等"主题内容;报告对象之二是你的部门会议，面对的是你的下属，你大致应该确定"工作完成情况及工作计划工作要求等"主题内容;报告对象之三是公司管理专题会，对象是各部门经理及一些管理人员，你大致应该确定"KPI指标分析及重要事项沟通等"主题内容。

因此，我们要学会用三个简单的步骤确定主题。

第一步，分析听众。首先，就是先把听众分成不同的类型，如果听众类型很单一，可以略过。其次，列出各种类型听众关心的话题和不关心的话题，以及他们不想听而你又必须讲的话题。最后，对话题提问，并做出答案。

第二步，找到核心。首先，根据预期效果，听众的接受度、关联度等因素判断话题的重要性，并进行优先排序。其次，将话题分为核心问题和非核心为题。核心问题只选一个。最后，确定非核心问题与核心问题的关系。

第三步，整理结构。根据时间、非核心问题的轻重缓急、各问题间的逻辑关系等因素进行话题取舍，整理出清晰的表达框架。围绕核心问题，只保留非常必要的话题，其他的全部舍弃。

我们可以总结为三个关键词：细分析、找核心、敢取舍。

一问一答之间。

小冯漂染了几绺"奶奶灰"的发色，显得很特别，我至今记得她撩一下头发问我问题的样子："听众那么多，每个人的想法都不一样，我总不能每个听众都想一遍如果我是他吧？"

"当然不能。"我笑着回答。"你虽然有几绺灰色的头发，但是我们依然会说你是黑头发。"

小冯："你的意思是说，要看这群人的共性？"

我说："还有底色，看这个群体共同关注的是什么。"

小冯："下次我也按着这三个步骤试一试。"

让主题与众不同

现在，请你暂时先放下书，让眼睛放松一下，顺着窗户望出去。

什么苍松翠柏、绿草野花，我猜你有90%的概率看到的是高楼大厦，对吗？

假如"房子"就是你确定的核心主题，你会怎样说？

如果是建筑师，会说房子的设计风格，结构造型，力学原理，材料施工等；如果是售楼员，会说房子的整体规划，周边配套，绿化景观，户型结构，价值价格等；如果是经济学家，会说政策调控，经济走势，投资策略，楼市风险等。

鲁迅在《中国小说史略》中说到《红楼梦》的"命意"：经学家看见《易》，道学家看见淫，才子看见缠绵，革命家看见排满，流言家看见宫闱秘事……

丰子恺先生也曾在一篇小品文中提到过类似的观点：世间的物有各种方面，各人所见的方面不同。譬如一株树，博物家见其性状，园丁见其生息，木匠见其材料，画家见其姿态。

由于每个人的视角不同，即使看到的是同一事物，所关注的重点，得出的结论也大相径庭。所以，让主题呈现与众不同，我们必须要回答的一个问题是："我有与众不同的视角吗？"视角在主题呈现上可以理解为我们看问题的角度，感受世界的方法。

"横看成岭侧成峰，远近高低各不同。"正如原研哉在《设计中的设计》中所说："我们观看世界的视角与感受世界的方法可能有千万种，只要能够下意识地将这些角度和感受方法运用到日常生活中，就是设计。"

从不同的角度看待主题，能让我们更全面地认知主题。受各种因素所限，在当众表达中你几乎没有机会全面讲出所有认知，你必须选取比较独特的角度把主题呈现出来。

1986 年 1 月 28 日，美国"挑战者号"航天飞机升空后爆炸，现场数百台摄像机、照相机对准的都是航天飞机爆炸的瞬间，只有一名记者将摄像机转向了身后的现场人群——那震惊、悲伤的表情……

《新疆日报》曾有一篇关于新疆环保问题的通讯——《塔河还能流多远》获得当年新闻一等奖。提到环保问题，可以说空气污染、绿化减少、沙尘风暴、草场贫瘠等，但这些都不足以体现新疆的问题。他们选取了一个独特的视角，从新疆的母亲河——塔里木河说起，与读者建立了强烈的情感链接，引起了极大关注。

马云是这么说坚持的："今天很残酷，明天很残酷，后天很美好，但大部分人死在明天晚上，看不到后天的太阳。"如果这么说："今天很残酷，明天很美好……"想表达的意思基本一样，但明显缺了一点独特的视角。

塞翁失马的典故，我们都耳熟能详了，说的是"福兮祸之所伏，祸兮福之所依"的道理。从当众表达来看，塞翁表达的视角与众人不同，他看问题的视角就很独特。

一问一答之间。

老程一脸坏笑地说："任何主题都能找到独特视角吗？"

我脱口而出："只要你肯下功夫找，就能找到。"

"我说个题目能找到吗？"老程盯着我说："第三者。"

我环顾四周："谁能给这个题目找个视角？"

"满园春色关不住，一枝红杏出墙来。有第三者一定是自身有问题，要增加自身的魅力，才能防止红杏出墙。"

"第三者是不道德的，应该谴责。"

"从法律上讲，在一些情况下第三者也有他们可以享有的权利。"

"西门庆固然可恨，但潘金莲有让人同情的一面。"

"……"

我说："老程，我给你个新视角。"

"伏羲得到了生命的秘密，不知该把它藏在哪里，来找女娲商量，女娲想了想说，不放在你那里，也不放在我这里，应该放在第三者的心里。于是，女娲造人后，将生命的秘密藏进了每个人的心里。只有真正走进他人的内心，才能发现生命的秘密！"

老程说："原来还可以跳出既有的框架找到独特的视角！"

我笑了："孺子可教也。"

爱因斯坦说过："如果给我一个小时来解答一道决定我生死的问题，我会花 55 分钟来弄清楚这道题到底在问什么。一旦清楚了他到底是在问什么，剩下的 5 分钟就足够解决这个问题了。"

我来套用一下："如果给我一个小时来准备一次决定我命运的当众表达，我会花 55 分钟来弄清楚到底有什么独特视角。一旦清楚了主题的独特视角，剩下的 5 分钟就足够解决这个主题了。"

向上提炼

为了能够选取独特的视角，我们可以沿着两个方向思考我们的主题，一是向上提炼，二是向下深挖。我们先看看如何向上提炼。

还记得曾经闹得沸沸扬扬的内地幼童在香港当街便溺事件吗？

内地和香港的网友隔空对骂，互不相让，各说各理，媒体发声也遭到网友的围攻，一时间，各说各理，互不相让。

后来，陈道明说了一段话得到了很多人的称赞。他说："文明的意义除了不当街便溺，还有善意与宽容，前者是表象，后者才是根本。真正的文明，是碰到这样的情况，走过去善意咨询那位母亲是否需要帮忙，或者指引她找到厕所，而不是冷漠地拍照当成渲染大陆人素质低下的又一个证据。大陆人的素质的确有待提高，但香港人的文明同样需要提升。"

为什么这段话能够得到双方网友的高度认同呢？一个关键性的因素就是，陈道明从一个更高的层面上在看待和评论这件事。这就是向上提炼。

1930年，在中国革命陷入低潮时，有人问，红旗到底还能打多久？于是，就有了著名的"星星之火，可以燎原"。

"中国革命高潮快要到来，它是站在海岸遥望海中已经看得见桅杆尖头了的一只航船，它是立于高山之巅远看东方已见光芒四射喷薄欲出的一轮朝日，它是躁动于母腹中的快要成熟了的一个婴儿。"不仅自己看到了希望，而且让大家看到了希望，指明了道路。站得高才能看得远，这也是向上提炼的很好体现。

那么，我们在向上提炼主题时，是否能找到一个可以遵循的方法呢？

你一定知道马斯洛需求理论，借助这个理论来完成向上提炼是个容易掌握的方法，并且符合从听众角度出发的原则。马斯洛理论把需求分成生理需求、安全需求、社会需求、尊重需求和自我实现需求五类，依次由较低层次到较高层次。

我们以"水"为主题，看看怎样通过马斯洛需求理论向上提炼主题。

第一层次生理需求。可以说："水是生命之源，水孕育了生命，人类三天不吃食物不会死亡，三天不喝水就会失去生命……"主题呈现——生命。

第二层次安全需求。可以说："正常人每天要喝8杯水才能保证人体需要，当我们感觉口渴时已经是身体缺水了，不能等到口渴时才想起喝水……"主题呈现——健康。

第三层次归属需求。可以说："奔流不息的黄河水孕育了你和我，同为炎黄子孙，我们是一家人。"主题呈现——情感归属。

第四层次尊重需求。可以说："饮水思源，血浓于水，我们自豪我们是中华儿女。"主题呈现——自尊信心。

第五层次自我实现。可以说："百川东到海，水滴石穿，水的精神……"

主题呈现——精神觉悟。

越往上提炼的层次越高，也可以说主题提炼经历了一个从外在到内在，从实到虚的呈现过程。

一问一答之间。

老林若有所思地说："我需要经常在招标会上宣讲我们的产品，在内部会议上介绍新产品，这种具体的实物的商品，在主题的提炼上也适用这个方法吗？"

我说："车，算是具体的商品吗？"

老林答道："当然是。"

我说："每种车都会有自己独特宣传定位，这就是车这个主题与众不同的呈现。"

老林问："它们符合马斯洛需求层次的提炼吗？"

我说："我说几个车的宣传语，你来判断一下它们属于哪个层次。①阳光汽车是这么说的——体验阳光生活；②富兰克林汽车是这么说的——一辆永远不会给你带来麻烦的汽车；③福美来汽车是这么说的——和谐灵动，君子风范，和谐生活新成员；④宝马汽车是这么说的——生活艺术唯你独尊；⑤福特汽车是这么说的——你的世界，从此无界。"

老林说："阳光汽车的提炼在第一层次生理需求；富兰克林汽车提炼在第二层次安全需求；福美来汽车提炼在第三层次归属需求；宝马汽车提炼在第四层次尊重需求；福特汽车提炼在第五层次自我实现需求。"

我朝老林竖起大拇指："为你点赞！"

你也来试一试，请将下面的汽车宣传语与对应的马斯洛需求层次连线（答案见本节结尾处）。

自我实现　　起亚汽车——用心全为你

自尊需求　　雷诺汽车——让汽车成为一个小家

归属需求　　江铃汽车——全顺一路安全到家

安全需求　　奔驰汽车——领导时代，驾驭未来

生理需求　　奥迪汽车——突破科技　启迪未来

一次我到朋友老丁家做客，他去厨房准备茶点，我独自坐在客厅里，想打开电视解解闷，于是拿起了电视遥控器。如图 3-2 所示。

图 3-2　复杂遥控器

我按下红色按钮后，电视开机了，却没有图像。看着遥控器上密密麻麻的按键，无从下手，试着按下认为正确的按键，却没有反应。我有点气急败坏地一通乱按，终究也没能调出图像，只得向朋友求助。结果，遭到朋友老丁的嘲笑："连遥控器都不会用。"

直到有一天，我看到了下面的电视遥控器。如图 3-3 所示。

原来电视遥控器可以如此简单明了，操作了一下，果然简单明了。我拍了个照片默默地发给了朋友老丁。

当众表达不是要把人搞晕搞乱，当众表达是要人听懂听明白。向上提

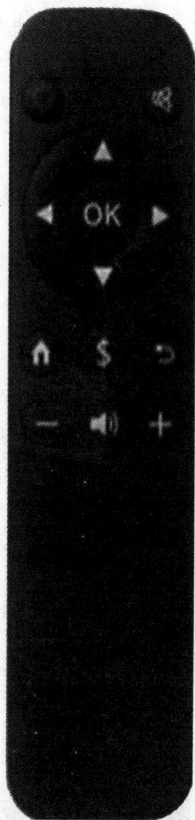

图 3-3　简单遥控器

炼最主要的作用就是让主题更加简单明了，化繁为简。

林经理跟我说，经常是跟客户定好讲一个小时，准备得很充分，结果到了现场告诉他只能讲十五分钟，最极端的一次，只给了三分钟。

一个小时的内容能变成十五分钟吗？能变成三分钟吗？主题还不能变，还要达到一定的既定目标。没有对主题提炼过的理解是做不到的。

儒家思想，博大精深，影响深远，足足说了三千年，可以说成：仁、义、礼、智、信、恕、忠、孝、悌等。也可以说五个字：仁、义、礼、智、信。也可以只说一个字：仁。

向下深挖

某年高考作文题目是一幅漫画，挺有意思。一个人拿着一把铁锹在地上挖水，在一个地方挖了一会儿，挖了几米深，没挖出水。他又换了一个地方，挖了几米深，仍没出水。他又换了地方挖，又挖了几米深，还是没有出水，以此类推……最后，他拎着铁锹，叼着烟，走开了，他认为，此处无水。其实，在他挖水的下方有大量的水存在，他只要再挖几锹，就会有水涌出了。

你的表达主题是否挖到了足够的深度，从而让听众"喝到解渴的泉水"呢？每一个主题都值得向下深挖，如果我们的主题显得苍白无力，一定是没有挖掘到有价值的层面，没有出"水"。

我在做《中国培训杂志》主办的表达类比赛的评委时，经常有众多选手就一个主题进行阐述。抛开表达的技巧，单从主题的呈现来看，只有对主题深入思考、向下深挖的选手，才能挖掘出主题中不为听众想到的价值，而且对主题的理解透彻，一般才能做到举重若轻，深入浅出，甚至给人以醍醐灌顶之感。这样的选手自然也就能够获得高分了。

据《坛经》记载，五祖传衣钵于六祖惠能，缘于神秀作了一揭："身是菩提树，心如明镜台。时时勤拂拭，勿使惹尘埃。"惠能接着也作了一揭："菩提本无树，明镜亦非台。本来无一物，何处惹尘埃。"

谁对主题挖掘得更深呢？显然，惠能比神秀"挖"得更深。

向下深挖主题，有点跟自己"较劲"，刨根问底的意思。

☆ **至少问三个为什么**

比如：你要向投资人介绍你的创业项目，争取获得投资。你至少就你的项目要问自己三个为什么。第一，人家为什么投这个项目？第二，人家为什么投给"我"？第三，人家为什么现在就投？

一次即兴表达训练中，训练师要求学员要以"啤酒瓶盖"为题讲一分钟。有位牛先生的表达我至今记忆犹新，他就是用问为什么的方式很好地挖掘出了这个主题的深度。

"为什么要有啤酒瓶盖？——防止溢出并保鲜。"

"为什么啤酒瓶盖能防止溢出并保鲜？——密封。"

"为什么啤酒瓶盖能密封？——能顶住压力。"

"主题结论,能顶住压力,虽小也能起大作用,人亦如此。"

如果连啤酒瓶盖这样的题目都可以深挖出不错的主题,那别的主题就更应该有很好的呈现了。

☆ **按照事实链接、情感共鸣、深层需求三个层次向下深挖主题**

● 事实链接。主题最基本的要"挖"到事实,事实胜于雄辩,真实自有冲击之力,当我们听到一件令人惊讶的事情,第一反应往往是问:"真的吗?"是真的,自会让人们信服,你的主题有事实作为支撑,就会丰满而充实。

比如:你讲《成长的力量》,提到一粒小小的西瓜种子可以长成100多斤的大西瓜,此时有听众会在心里反应:"真的吗?",你需要与事实链接——第28届中国大兴西瓜擂台赛评出最重瓜王,得主是李风春。他参赛的西瓜重达160斤,比一个成人的体重还重。此时,你再弄个老李手扶西瓜的照片,链接得就更紧密了。

皖南事变后,周恩来在《新华日报》上愤然题词"千古奇冤,江南一叶;同室操戈,相煎何急!"在当时的历史背景下与事实链接产生万钧之力!令国人震惊,令敌人胆寒。当然,其中同时迸发着强烈的情感共鸣。

● 情感共鸣。主题"挖"到情感共鸣就有了拨动听众心弦的力量,柔软而锋利,含蓄又鲜明。

我们以第六季《奇葩说》黄执中与雷哥一对一淘汰赛为例,辩论的题目是《该不该给部门新同事发喜帖》。雷哥的持方是正方——该给部门新同事发喜帖,黄执中的持方是反方——不该给部门新同事发喜帖。黄执中在奇葩说是神一样的存在,实力毋庸置疑。几乎所有人都认为这是一场没有悬念的对决,雷哥败北将是顺理成章之事。但是雷哥爆了大冷门,他淘汰了黄执中。

他是怎么做到的呢?

他不遗遗力地在每个环节与大家建立情感共鸣。

一开始他就运用讨喜的方式表达,他介绍自己的明星脸与听众迅速建立共鸣,许多听众都点头说像。接着,他从四个方面表述新同事参加婚礼的好处，"份子钱会变多、融入同事关系会变快，和老板关系会变好，找到了对象会变爽"，总结论点是"多快好爽"，恰好与节目的赞助商宣传语一致，再次形成共鸣。然而，黄执中实力强劲，他提出"差别待遇的勇气"的观点，运用逻辑深入剖析说服大家。开杠环节及黄执中结辩过后，黄执中以 72∶21 遥遥领先，相差 51 票。最后是雷哥结辩，他只有 30 秒的时间。

他是这样说的。"差别待遇"这个词是职场当中新同事最害怕听到的一个词，他们害怕差别待遇（听众发出"啊——哦"的恍然大悟之声，产生情感共鸣）。我是从新同事过来的，手足无措，举目无亲（听众也曾有过新人阶段啊，加强情感共鸣）。我特别希望这个时候，有个老同事来跟我接触接触，我特别希望有同事家里结个婚，能让我参与一下，哪怕你是二婚也可以，但是我没有（让听众产生同情之心，听众不仅在同情他，更会触景生情到自己）。所以，己所不欲，勿施于人，我一定要发，因为我觉得，我发出去的不仅仅是一份请帖，更是拉拢我们之间关系的一根橄榄枝（听众已经完全被打动）。

听众投票，大屏幕定格在 60∶38，雷哥胜出。瞬间反败为胜。

雷哥之所以反败为胜，就在于他关键时刻真情实感的表达，与听众形成了极大的情感共鸣。表达者有着超凡的敏感度，穿过事实挖出情感，从感受的层面让人产生强烈的共鸣。

● 深层需求。如果说，"挖"情感共鸣需要的是敏感能力，那么，"挖"深层需求就需要有见解能力了。因为深层需求往往是大家都没有意识到，而你发现了并把它准确地呈现出来。

以前有一句话叫："知识不如见识，见识不如胆识。"

我说："现在到了不能只凭胆识的年代了，应该叫——见识不如见解。"

我们知道一个事物，一个概念，考试能答高分，这是知识；我们见过这个事物，体验过这个事物，有直接的感受，这是见识；我们可以提出对这个事物自己的理解，判断，应用，乃至于预见，这就是见解。

每个人都有自己的知识领域，都有自己的见识范围，如果我们的范围大于听众，你就有了优势，因此，面对同一事物，我们是否比听众更深入思考，是否能与听众的需求联系起来说出独到的见解，就尤为重要了。

诸葛亮以其独到的见解，未出茅庐而三分天下，让刘备发出"孤之有孔明，犹鱼之有水也"的感叹。

马云在美国见识了互联网，说出了"让天下没有难做的生意"的见解，创立了阿里巴巴。

姜总跟我讲了一件发生在 10 年前的事，当时，他们公司在开拓四川市场时，遇到极大的困难，销售不畅，根本不能完成既定的目标。公司总裁主持召开了一次战略研讨会，会上就开拓四川市场的问题进行讨论，发言的人大多主张撤出四川市场，理由大致有几点：①成本过高，销售额都不够给人员开销；②竞争对手一家独大，很难改变格局；③不如腾出精力开拓其他市场；等等。

当时还不是姜总的小姜站起来发言说："我们讨论的不是应不应该开拓四川市场，讨论的应该是如何改变策略积极开拓四川市场。①既然竞争对手能够一家独大说明这里有市场，只是不认新品牌，我们可以避免与其主力产品正面竞争，转而重点销售配套产品，积累客户增加信任度。②我们对四川销售人员的考核管理，奖励办法用的是成熟市场的制度，不利于调动销售人员开拓新市场的积极性，应该调整奖励办法侧重新客户的开拓……"

现在，小姜是这家公司西南区总经理。这不就是独到见解的重要作用吗？

下面我们以著名作家张晓风有一篇《出去才能回来》的散文为例，来做个小测试，让你来试一试提出自己独到的见解。

孩子的爸爸带着合唱团去环岛演唱，儿子和女儿刚好放假，也跟着去了。旅行了一个星期，把歌声送到通街闹衢以及穷乡僻壤以后，他们要回来了。

临回来的前一晚，做爸爸的问小女儿晴晴："我们要回家了，你喜欢回家还是出来啊？"

"我当然喜欢回家！"

"哦——"爸爸故意逗她，"你喜欢回家，那么下回出来不带你就是了。"

"不对，"她说，"不先带我出来，怎么能回家？"做爸爸的无言以对。

……

文章到此，你会发表一番怎样的见解呢？写在下面的空格里，然后再看后面的内容（原文内容见本节结尾处）。

_____

_____

_____

_____

_____

_____

_____

你听过著名的销售案例汤姆·霍普金斯把冰卖给因纽特人的故事吗？

汤姆·霍普金斯曾接受一家大都市报纸的记者采访做答，记者要他当场展示一下如何把冰卖给因纽特人，于是有了脍炙人口的经典故事。你可以搜索出这个故事，先读一遍，然后我们一起分析一下汤姆·霍普金斯的表达。

他的表达基本是按照对应事实链接、情感共鸣、深层需求进行的，我们来一一对应。如表 3-3 所示。

表 3-3　深挖三层次

向下深挖主题	汤姆·霍普金斯的话
事实链接	你知道注重生活质量是很多人对我们公司感兴趣的原因之一，而且看得出来你也是一个注重生活质量的人。你我都明白价格与质量总是相连的，你目前使用的冰是不花钱的，你使用的冰就在周围，日日夜夜，无人看管，无人照顾
情感共鸣	冰上有我们，有你有我，那边有您清除鱼内脏的邻居，北极熊正在冰面上重重地踩踏。啊，您看到企鹅沿水边留下的脏物，请您想一想，设想一下
深层需求	给您家人的饮料中放入这种无人保护、无人看管的冰块，如果您想真正感觉舒服必须得先进行消毒 这样您是在浪费时间 享受到最爱喝的，加有干净、卫生、美味可口的北极冰块的饮料

主题确定没有想象的那么难，人人皆能做到，如同你给心爱的人选礼物是一样的，你一定会花心思、花时间、花精力去做这件事。一般来说，越重要的事越重要的人需要投入的越多，也需要你平时就认真观察，仔细思考。

王阳明曾作诗一首鼓励弟子："个个人心有仲尼，自将闻见苦遮迷。而今指与真头面，只是良知更莫疑。"

所以，自信地、大胆地说出你与众不同的见解吧！

听众不愿意浪费时间听他们已经知道的，更不愿意听人云亦云的老生常谈，把那些与众不同的"礼物"送给听众，给听众带来惊喜，你会让改变发生，并且你会得到他们的喜欢与尊重。

回顾一下：

● 设计内容四步骤：确定主题、引起关注、有效呈现、促动改变；

● 主题要从听众角度出发，呈现要与众不同；

● 确定主题是从听众角度出发的三个步骤：细分析、找核心、敢取舍；

● 通过向上提炼和向下深挖，让主题与众不同；

● 向上提炼可以结合马斯洛需求层次；

● 向下深挖一是至少问三次为什么，二是深挖到事实链接、情感共鸣和深层需求。

本节练习答案：

主题向上提炼，对应马斯洛需求理论练习答案如下。

自我实现　　起亚汽车——用心全为你
自尊需求　　雷诺汽车——让汽车成为一个小家
归属需求　　江铃汽车——全顺一路安全到家
安全需求　　奔驰汽车——领导时代，驾驭未来
生理需求　　奥迪汽车——突破科技　启迪未来

张晓风《出去才能回来》的后半部分内容如下。

人生的历程大约也是这样：没有大疑惑，怎能有大彻悟？没有剧烈的撕痛，也就没有完整的愈合……真的，永远株守一隅的人，并不知道什么

叫回家。

如何一开始就惊艳：系蝴蝶结——引起关注

给礼物系蝴蝶结是为了漂亮，设计当众表达的内容也要有一个漂亮的开头，以引起听众的关注。可以选用四种颜色的丝带打成蝴蝶结。

红色蝴蝶结——情境

以描述一个情境开始，产生代入感，让听众沉浸其中。

比如："昨天下班时，我看见路边蹲着一个小孩和一个老人，小孩四五岁，老人六十几岁，他们全神贯注地在看着什么。我走近才发现，原来他们在观察落在地上的一片树叶，那是一片极普通的叶子，有点泛黄，叶脉清晰。小孩努力睁大眼睛，老人半睁半闭地眯着双眼，夕阳照过来，他们的影子被拉得老长……"

再如："虽然飘着小雨，巴黎的街头依然人来人往，圣诞节的气氛已经越来越浓了，在街角的一个巧克力店的橱窗下，一个衣衫破旧的人，把大衣裹在身上，偎坐在墙边，面前放着一个铁盒，原来是个乞丐，看样子是个难民。引起我注意的是，他的左边立着一棵小圣诞树，右边趴着一只小狗……"

这个红色的蝴蝶结非常醒目，你的目的是在听众的头脑中勾画一个情景，画面感十足，一般来说，会很快吸引听众听下去。

如果你说："我看见一个小孩和一个老人在路边看树叶。"或者"我在巴黎看见一个乞丐，有圣诞树，还养了一只狗。"

你就没有把听众带入情境，他们只是听到了一条信息，关注度低，在表达刚开始时，很低。

中国人民大学附属中学（简称人大附中），是一所享誉中外的著名中学，美国马里兰大学 COMPULIFE 研究所公布的中国高中排行榜中，人大附中位列榜首。

人大附中的学生高考语文成绩非常好，而且作文分数很高，经常得到满分。老师是怎么教学生写作文的呢？有一个让人印象深刻的方法，老师要求学生将 40 行 × 20 列 = 800 字的稿纸，分成五段，1~5 行写第一段，即开头，6~15 行写第二段，16~25 行写第三段，26~35 行写第四段，36~40 行写第五段，即结尾。而对第一段开头的要求，老师是这么说的："开头的方式有千百种，我们只练一种。"对，你已经猜到了——他们练的就是情境式开头。

黄色蝴蝶结——有趣

以放松的方式开始，让听众觉得好玩、对你及对你的表达内容产生兴趣。

比如："请伸出您的双手，手都带来是吗？我们今天要分享有关区块链的话题，我想知道大家对区块链了解多少，如果一个手指代表一无所知，两个手指代表有所耳闻……以此类推，十个手指代表是这方面的专家。我喊三、二、一之后，请你伸出代表你目前情况的手指数，可以吗？来，先抖抖手（你甩动手指做示范，边甩边喊口令，喊到一时，停止甩动举起手指，大家就会跟你一起做），预备，三、二、一！"

再如："大家好。请大家左右看看身边人，如果觉得你身边的人还和善的话，请跟他握握手，说，身体好、心情好，然后互相认识一下。"

一问一答之间。

"想要有趣，可以讲个笑话吗？"杜总问我。

我说："可以。我给你三个建议。①直接讲。千万别说，下面我给大家讲个笑话。十次有九次，没人笑。②最好讲生活中真实发生且与表达主题相关的。③如果听众没笑，当什么也没发生，继续你的表达。总之，一上来就讲笑话，是一个高难度动作，你要小心而为。"

如果你嗓音不错，唱一首歌是个很漂亮的"蝴蝶结"。不唱整首，只唱大家耳熟能详的那一段即可。（比如这首高进作词作曲的《我们不一样》）

> "我们不一样
>
> 每个人都有不同的境遇
>
> 我们在这里
>
> 在这里等你

我们不一样

虽然会经历不同的事情

我们都希望

来生还能相遇……"

然后，曲调不变填上你想表达意思的词（我把改动的部分用了斜体字），接着唱。

"我们不一样

每个人活在不同世界里

我们在这里

在这里等你

我们不一样

虽然当众表达真是很难

我们都希望

表达有影响力……"

"我至今还记得那只猴子。"某科技公司的财务总监郑总对我说。

我一头雾水："哪只猴子？"

郑总："就是你给我们讲《绩效辅导》课程时，一上场就拿出来的猴子啊！"

我恍然大悟。

那次，我提前准备了几个毛绒玩具猴子，上了讲台，什么也没说，先拿出这几只玩具猴子，放在自己肩膀上一个，剩下的扔给了听众，然后说："比尔·翁肯（Bill Oncken）曾提出一个有趣的管理理论——背上的猴子。他认为责任就像猴子，会跳到别人的背上。"

带着道具上场开始你的表达，这个"蝴蝶结"非常抢眼，实物模型、压力球、扑克牌等都可以成为你的道具，只要它与你的内容紧密相关，有助于你的表达。

蓝色蝴蝶结——利益

听了你的表达会有什么好处，以此开始，让听众怀着期待之心。

比如："不是每朵玫瑰都能赢得爱情，不是每次雨后都能出现彩虹，不是每个种子都会破土而出，不是每个人的当众表达都能赢得听众，接下来我用两个小时帮助大家提升表达的吸引力。"

再如："有人说，人过了四十岁就像蒲公英。你是说，漂泊不定吗？不！我是说，一阵风，头就秃了！前不久英国威廉王子访华，他的秃顶被热议，著名演员李亚鹏低头喝汤的照片疑似暴露了他已经秃顶。据人民网报道，我国脱发人群已达 2 亿人，今天我们来聊聊如何避开岁月这把剃头刀。"

有点像广告是吗？广告的一个重要作用就是"吸睛"，引起关注是基本诉求，所以，用广告的方式开始没什么不好，只要不是"虚假广告"就好。

有些话题不必用广告的方式，因为其自身就具有吸引力，"我要讲讲奖金分配方案。"人们立刻收起手机，竖起了耳朵。

如果你这样说："我要用两个小时讲讲怎样提升表达的吸引力。""今天我教给大家如何防止秃头。"效果显然不如上面的方式好。

先要铺垫几句，再说你给听众带来的利益，利益更突出，顺畅一些。

哈佛社会心理学家埃伦·兰格（Ellen Langer）做过一个有趣的实验。

人们在图书馆里按顺序排队使用复印机，埃伦·兰格排在后面。

试验一，她对排在前面的人说："真不好意思，我有 5 页纸要复印。因为时间有点赶，我可以先用复印机吗？"统计结果：94％的人答应让她排在自己前面。

试验二，他对排在前面的人说："真不好意思，我有 5 页纸要复印。我可以先用复印机吗？"这么说之后只有 60％的人同意了她的请求。

对比一下两次说词上的不同，第一次说辞里比第二次说辞里多了一句"因为时间有点赶"。给了一个额外的信息"时间有点赶"，只是因为多了个信息的原因吗？这句话里起关键作用的因素又是什么呢？埃伦·格兰又进行了第三次试验。

试验三，她这次是这样说的："真不好意思，我有 5 页纸要复印。我可以先用复印机吗？因为我必须印点儿东西。"这一次和第一次相比并没有多出额外的信息，结果却几乎一样，有93%的人同意了她的请求。

关键不在于给出理由的那整句话，关键在于这句话开头的两个字——"因为"。

变成"因为句式"效果就会大不同，我们何不充分运用呢？

试着将上面那两段加上"因为"看看：

"我将用两个小时帮助大家提升表达的吸引力。因为不是每朵玫瑰都能赢得爱情，不是每次雨后都能出现彩虹，不是每个种子都会破土而出，因为不是每个人的当众表达都能赢得听众。"

一问一答之间。

小杨说："一定要加个'因为'吗？感觉有点别扭呢。"

我说："因为你有两个选择，A.按自己习惯的惯常方式表达，对听众的影响力不大；B.用不习惯的科学的方式表达，增加对听众的影响力，并把它用习惯。请选择。"

小杨："明白了。"

绿色蝴蝶结——疑问

以不寻常的问题开始，产生悬念，让听众产生好奇，等着听你讲后面的内容。

比如："提到我国古代的四大发明，你是怎样的感觉？自豪吗？是的，我们应该为之自豪，为我国古代劳动人民的智慧感到骄傲。然而，我觉得我们在座的每个人在想起我国的四大发明时都应该感到羞愧……"

嗯——？等等，本应该自豪骄傲怎么变成了应该羞愧？听众产生了疑问，瞪起眼睛、竖起耳朵等着你给出解释，你的目的达到了。（本节的结尾有为什么应该羞愧的解释。）

你也可以直接提出听众关心的问题，会让听众等待答案，或参与到解答中来。

比如："去年这款产品，卖得非常好，销售量已经占到了整个销量的34%，今年这款产品的销量只有整个销量的2%，为什么？有一个分公司今年依然保持了很好的销量，占比达到 37%，怎么做到的呢？"

疑问的升级版是"悬念"。

比如："去年的 6 月，就在这个大厦的 16 层会议室里，一个年轻漂亮的女士将一个黑色的盒子交到老马的手里，老马急忙把黑盒子塞到桌子下面，并用一块桌布盖上，人们陆陆续续走进会议室……"

开始时就设计悬念，听众会想：那个黑盒子里是什么？老马为什么要把它藏起来？疑问产生，听众解开谜团的心理，使听众认真听你往下讲。

如果你说："去年 6 月，新产品内部发布会即将开始，小周把装着新产品的黑盒子送到会议室，老马把它放在桌子下面，盖上桌布，人们陆陆续续走进会议室……"

这只是一个普通的开始，听众没有产生疑问，更没有好奇地等待。

如果你对自己有更高的要求，设置悬念也有升级版，你可以更进一步。我们可以跟电影学习。

电影《生死时速》是这样开始的。

"退休警官培恩炸掉了一辆巴士，并打电话告诉杰克，他已在另一辆巴士上安装了定时炸弹。只要车子的时速一超过每小时 50 英里就不能再减速，否则便会引起爆炸。男主角驾车赶上了这辆巴士，并想办法上了车。但此时巴士的时速已超过了 50 英里……"

电影《空中火灾》是这样开始的。

"观光塔餐厅里享受美食和看风景的客人，忙碌的厨师、服务员，在墙后电线短路引起了烟，你知道起火了，快要发生大火灾了，但不知道这火什么时候、从什么地方冲出来。更不知道这些已经出场的人物会遇上什么际遇：立即给大火吞噬，还是将在火场中逃出。光是这个悬念，已经令你紧张地盯紧屏幕，生怕错过任何一个一闪而过的镜头了。"

正如希区柯克所说的那样，悬疑电影和普通电影的区别在于，在普通电影里，观众不知道桌下藏有一颗炸弹，然后炸弹会突然爆炸；而在悬疑电影里，观众知道桌下藏有一颗炸弹，而且看着炸弹上的表在倒计时，但不到最后一刻永远不知道这颗炸弹是否会爆炸。只有这样，观众的心才会跟着电影里人物的处境一起颤动。

电视节目"超级演说家"中陈铭的演讲就像希区柯克说的那样开始的。

"今天要跟大家分享的是一个关于女人和辩论的故事。名字叫作女人永远是最佳辩手。我在辩论的赛场上拿过世界冠军，拿过全程最佳辩手，也算得上是小有收获。但是在这里我必须要向在座所有人坦白：就是在生活的辩场上，有那么一个人，我是从来都没有赢过，那个人就是我的老婆。不知道在座各位会怎么想，但是我本人是发自内心赞同一句话——女人永远是最佳辩手。但是，凡事总有原因，为什么呢?"

一开始就设置了悬念，而且悬念就在那，没有藏起来，就是"女人永远是最佳辩手"。但是，听众依然被吊起了胃口，产生了疑问，好奇地等待着往下听。

如果你感兴趣，可以现在就拿出手机搜索"女人永远是最佳辩手"的视频，可以先观看体验，再往下阅读。

这个演讲直到最后一刻，最后一个字，"那只是因为，爱!"才给出答案，解开悬念。

美国亚利桑那州立大学社会心理学家罗伯特恰·尔迪尼研究发现，最棒的表述都是以悬念开始的，他们会先做一个似乎违背常理的描述，"勾"住你，这样做的作用是巨大的，它创造了一种解开谜团的渴望。

很多关于当众表达或演讲的书籍建议人们以天气、心情来开始你的表达。请留意，"大家好，今天天气晴朗，万里无云……"以今天天气开始可以吗?可以。可是，它不是一个漂亮的"蝴蝶结"，它太普通了，普通到没什么吸引力。"来到这里，我非常高兴……"以心情开始可以吗?可以。可是，它不是一个漂亮的"蝴蝶结"，它太常见了，常见到没什么吸引力。

当听众听到"天气啊，心情啊……"，就已经将其归为"套话"之列了。面对"套话"，你又能指望听众提起多大的精神呢?

当然，如果你能将这些内容与现场或所讲的主题做一个巧妙的链接也是一个不错的选择，若再能包含"情境""有趣""利益""疑问"四者之一，就完美了。

回顾一下：

● 情境。以描述一个情境开始，产生代入感，让听众沉浸其中。

● 有趣。以放松的方式开始，让听众觉得好玩、对你及对你的当众表达产生兴趣。

● 利益。听了你的表达会有什么好处，以此开始，让听众怀着期待之心。

● 疑问。以提出不寻常的问题开始，产生悬念，让听众好奇，等着听你讲后面的内容。

本节开头的"我们想起四大发明应该感到羞愧……"之后是这么说的。

"四大发明代表着当时最先进的科学技术，是中国对世界文明发展做出的巨大贡献，产生了巨大影响……可是我们想过吗？中国古代的四大发明距今已经多久了，造纸术是在东汉时期发明的，活字印刷是在北宋时期发明的，司南和火药在战国、秦朝时期就有记载了。请大家想想中国近代、当代有什么足以影响世界的发明创造吗……所以，我们作为当代的中国人应该感到羞愧，等等。"

如何有趣又有料：送出礼物——有效呈现

送出礼物，意味着我们要把精心准备的礼物，摆在听众面前，我们的观点、主张，我们的主题、结构，我们表现的方式，毫无保留地呈现出来。

请不要忘记：当众表达的目的是，通过建立信任，让听众发生改变。

你提炼了主题，你挖掘了主题，找到了送给听众的与众不同的礼物，听众是否能够接受你的良苦用心呢？

答案是：不一定！

所以，为了能让听众接受你的礼物，我们该如何把礼物送到听众的面前呢？设计内容步骤三是怎样把内容有效呈现出来，让听众更好地接受影响、发生改变。

在一次论坛中，有位听众问我，在内容设计中最重要的原则是什么？

我毫不犹豫地回答：**内容设计中最重要的原则是将抽象思维与形象思维有效地结合。**

抽象思维与形象思维

下面，我们来做一个简单的练习。这个练习能够让我们更好地理解抽象思维与形象思维的结合。

我请你假想在一个当众表达的现场，你是听众之一，以下内容是你听到的当众表达者所说的内容，表达者的目标是"让听众理解什么是幸存者偏差"，采用了四种不同内容设计方式。

你的任务是，对同一主题的四种不同内容表述做一个感受评价。你有四个选项：

①清楚明了但枯燥难记；

②有趣难忘但不知所指；

③混乱而且难懂；

④清晰明了且有趣难忘。

请感受第一种内容设计。

幸存者偏差，也叫"生存者偏差"或"存活者偏差"，意思是指，当取得资讯的渠道，仅来自于幸存者时，此资讯可能存在与实际情况不同的偏差。驳斥的是一种常见的逻辑谬误，只能看到经过某种筛选而产生的结果，而没有意识到筛选的过程，因此忽略了被筛选掉的关键信息。

请选择：（　　）

①清楚明了但枯燥难记；

②有趣难忘但不知所指；

③混乱而且难懂；

④清晰明了且有趣难忘。

请忽略第一种方式的内容，来感受第二种内容设计方式。

1941 年，第二次世界大战中，空军是最重要的兵种之一，盟军的战机在多次空战中损失严重，无数次被炮火击落。盟军总部秘密邀请了一些物理学家、数学家以及统计学家组成了一个小组，专门研究"如何减少空军被击落概率"的问题。

当时军方的高层统计了所有返回的飞机的中弹情况——发现飞机的机翼部分中弹较为密集，而机身和机尾部分则中弹较为稀疏，于是当时的盟军高层的建议是：加强机翼部分的防护。

但这一建议被小组中的一位来自哥伦比亚大学的统计学教授沃德驳回了，沃德教授提出了完全相反的观点——加强机身和机尾部分的防护。

军方采用了教授的建议，加强了机尾和机身的防护，并且后来证实该决策是无比正确的，盟军战机的击落率大大降低。

请选择：（　　）

①清楚明了但枯燥难记；

②有趣难忘但不知所指；

③混乱而且难懂；

④清晰明了且有趣难忘。

请忽略前两种方式的内容，感受第三种内容设计方式。

哥伦比亚大学的统计学教授沃德，提出了与盟军军方不同的建议，说的就是幸存者偏差。第二次世界大战期间，通过统计战机被击中的弹痕，以减少飞机的损失。它驳斥的是一种常见的逻辑谬误，不仅是在战争中，生活中也常见到这种情况。军方认为的观点有很大的偏差，会产生很大的问题，结论是错误的，本来只是个统计学方面的发现，但应用却很广泛，其实，涉及的是全集和子集的关系。沃德是一位统计学家，他在这件事情上是正确的，其他事情上我们不得而知，也许同样优秀，也许一团糟。如果关键信息被忽略，那是很不应该的，信息的泛滥给人们造成了困扰，这也是现代人必须去面对的现实。

请选择：（　　）

①清楚明了但枯燥难记；

②有趣难忘但不知所指；

③混乱而且难懂；

④清晰明了且有趣难忘。

请忽略前三种方式的内容，感受第四种内容设计方式。

什么是幸存者偏差？

幸存者偏差，也叫"生存者偏差"或"存活者偏差"，意思是指，当取得资讯的渠道，仅来自于幸存者时，此资讯可能会存在与实际情况不同的偏差。驳斥的是一种常见的逻辑谬误，只能看到经过某种筛选而产生的结果，而没有意识到筛选的过程，因此忽略了被筛选掉的关键信息。

幸存者偏差来源于1941年。第二次世界大战中，盟军的战机在多次空战中损失严重，无数次被炮火击落，盟军总部秘密邀请了一些物理学家、数学家以及统计学家组成了一个小组，专门研究"如何减少空军被击落概率"的问题。

当时军方的高层统计了所有返回的飞机的中弹情况——发现飞机的机翼部分中弹较为密集，而机身和机尾部分则中弹较为稀疏，于是当时的盟军高层的建议是：加强机翼部分的防护。

但这一建议遭到小组中的一位来自哥伦比亚大学的统计学教授沃德的反对，沃德力排众议，指出更应该注意弹痕少的部位，因为这些部位受到重创的战机，很难有机会返航，而这部分数据被忽略了，事实证明，沃德是正确的。

军方采用了教授的建议，加强了机尾和机身的防护，盟军战机的击落率大大降低。

俗语"死人不会说话"很好地解释了这种偏差的重要成因。当我们分析问题所依赖信息全部或者大部分来自显著的信息，较少利用不显著的信息甚至彻底忽略沉默的信息，得到的结论与事实情况就可能存在巨大偏差。

请选择：（　　）

①清楚明了但枯燥难记；

②有趣难忘但不知所指；

③混乱而且难懂；

④清晰明了且有趣难忘。

以上是四种典型的内容设计方式，是在当众表达中经常出现的四种。

第一种方式给人更多的感受是，清楚明了但枯燥难记；第二种方式给人的感受是，有趣难忘但不知所指；第三种方式给人的感受是，混乱而且难懂；第四种方式给人的感受是，清晰明了且有趣难忘。

在讲述主题相同的情况下，我们得到了不同的效果。我们当然希望当众表达的效果是清晰且有趣，当然不希望是混乱且难懂。从内容设计的角度看是什么不同而造成了不同的效果呢？

美国生物学家斯佩里博士（Roger Wolcott Sperry）通过著名的割裂脑实验，证实了大脑不对称性的"左右脑分工理论"，因此荣获 1981 年度的"诺贝尔生理学或医学奖"。左半脑主要负责逻辑理解、记忆、时间、语言、判断、排列、分类、分析、书写、推理、抑制、五感（视、听、嗅、触、味觉）等，思维方式具有连续性、延续性和分析性。右半脑主要负责空间形象记忆、直觉、情感、身体协调、知觉、美术、音乐节奏、想象、灵感、顿悟等，思维方式具有无序性、跳跃性、直觉性等。

所以，人们接收到概念、数字、文字、语言、分析、逻辑、推理等信息时，主要是左脑在工作，是抽象思维，感受比较枯燥；人们接收到图画、音乐、记忆、情感、想象、创意等信息时，主要是右脑在工作，是形象思维，感受比较有趣。

第一种内容设计方式，说了一个很确定的概念，是抽象思维，所以，听众感受很清楚但枯燥，不容易记住；第二种内容设计方式，讲了一个故事，是形象思维，所以，听众感受很有趣，能记住，但是，没有总结提炼，听众不知道表达者要说明什么；第三种内容设计方式，逻辑不清，概念不明，而且也没有画面、故事、情感等要素，既没有抽象思维，也没有形象思维，听众感受就是混乱很难懂；第四种内容设计方式，先讲了一个明确的概念，并讲了一个与概念密切相关的故事，抽象思维和形象思维兼具，紧密结合，所以，听众感受是清晰明了且有趣难忘。

如图 3-4 所示。

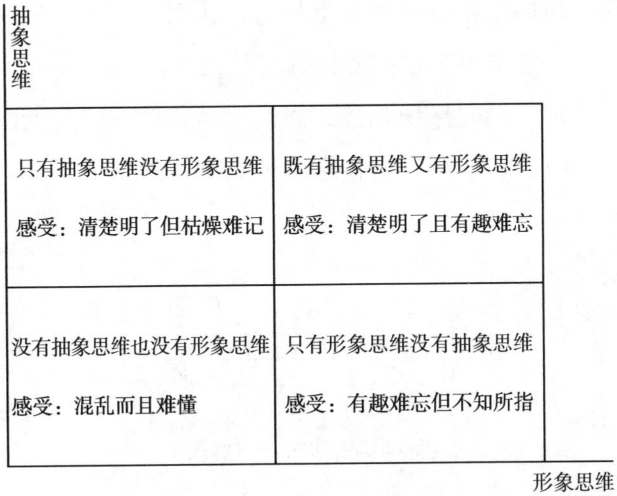

抽象思维

只有抽象思维没有形象思维 感受：清楚明了但枯燥难记	既有抽象思维又有形象思维 感受：清楚明了且有趣难忘
没有抽象思维也没有形象思维 感受：混乱而且难懂	只有形象思维没有抽象思维 感受：有趣难忘但不知所指

形象思维

图 3-4　呈现四象限

做到了抽象思维与形象思维有效结合，能使你的听众处在左右脑都活跃的状态，听众的感受才有可能达到清楚明了而且有趣难忘，听众易于接受，这样对听众的影响才更容易发生。

回顾一下：

● 有效呈现最重要的原则是将抽象思维与形象思维有效地结合；

● 兼顾左右脑，让表达处在第二象限，才能让听众既清晰明了，又生动有趣。

抽象思维的理性之光

在当众表达中，我们如何能够展现出深邃的思想、鲜明的观点、清晰的条理、有序的逻辑呢？

答案是：让理性之光照亮听众未曾走过的心灵黑夜。

确定一个具体目标

抽象思维的第一个作用就是帮助我们在每次表达之前确定一个表达的具体目标，确保你的表达在正确的轨道上，不至于"跑题"。

有效当众表达有一个具体的目标，也就是表达想要达到的结果是什么，这是事先要思考清楚的。

具体目标就是你要传递的思想、观点、诉求等，具体目标要尽力做到简单清晰。简单指的不是主题选择上的简单，而是指能够发现事物的本质和关键，无论多么复杂的主题都要使其变得简单。

如图 3-5 所示。请你仔细观察，假设这是北京一环路上，一辆正常行驶的公交车，请问，它是在驶往 A 车站还是 B 车站？为什么？

图 3-5 公交车行进方向

人们往往从等车人的姿态、人数，甚至表情上判断，从公交车窗的纹路、车轮等情况判断，从路面、站台、站牌的情况判断……如果这样判断，无论答 A 站还是 B 站，都没有意识到事物表象下所隐藏的关键和本质。

其实，答案是公交车正在开往 A 站，因为画面上的公交车没见到车门，说明车门在公交车的另一面，车辆靠道路的右侧行使，据此可以判断，车的正面即车头就是朝着 A 站方向，所以，公交车正在驶向 A 站。

问题的本质和关键是车门，想到了车门，问题就迎刃而解，其他的等车人、站台、路面、车轮、车窗等都是表面现象。通过观察和思考，拨开复杂的表面现象，发现事物的本质和关键，来确定"简单"的目标，会让听众佩服你。

一般来说，我们在当众表达之前都知道我们的表达目标，但是够不够清晰可就不一定了。

比如，"我们要在今年 11 月提前完成全年的任务额。"这个主题，这是一个诉求，它是你表达的具体目标吗？表面看是，其实它够简单但是不够清晰。你的心里要清晰地知道这次表达的目标是什么？

"表达结束后，让听众相信在今年 10 月提前完成全年任务额。"

"让听众在今年工作效率提高 10%。"

第一个我们改变的是听众对今年 10 月提前完成全年任务额的态度；

第二个我们改变的是听众对今年 10 月提前完成全年任务额的做法。

再比如：表达主题"不聚焦问题，而是发现机会"，这是具体目标吗？表面看是，其实它可以更简单具体。

"表达后让听众了解不聚焦问题，发现机会。"

"表达后让听众愿意不聚焦问题，发现机会。"

"表达后让听众为不聚焦问题，发现机会而行动。"

这三个具体目标确定了讲完后要实现怎样结果，是"了解""愿意"还是"行动"，要看到听众发生什么改变，这要比开始时具体清晰得多。

因此，衡量我们事前所设定的目标是否为具体目标的标尺就是，我们能否清晰地知道我们让听众听过之后发生多大程度上的改变。我们按实现结果的程度把具体目标的标尺划分为六个刻度，由近及远、由浅入深、由易到难：

● 知道了。

● 听懂了。

● 理解了。

● 相信了。

● 愿意了。

● 行动了。

当然，你想达到什么程度可以直白地告诉听众，但多数情况下是藏在你心中的，就像那个公交车门，你没说，而所有的表达内容都指向那里。

你的表达目标越具体，指引性越好，这好比是寄快递的地址，具体到上海市某某区街组门牌号就能收到，如果只有上海市，就不容易收到。

同时，目标越具体我们设计内容时越容易把握尺度，也才知道内容的重点在哪里。

厘清思路　理顺条理

抽象思维的第二个作用就是帮助我们的思路清晰，条理分明。

这其中，当众表达中的支点是否支撑主题，支点层次、逻辑是否合理是关键所在。

在这里，我们提到了一个概念："支点"。那么，什么是支点呢？

每次看到圆明园遗址都会令我们感慨万千，夕阳下圆明园的遗址寂静孤独，曾经的富丽堂皇变成了历史的灰烬，只留下几根石柱让人们去想象它的雄伟绮丽。现存的几张英国摄影家费利斯比特拍摄于1860年被英法联军烧毁前的圆明园照片，更是与现在遗址上的几根孤零零的石柱形成了鲜明的对比。

一问一答之间。

前几天，孟小姐问我："您能不能形象地告诉我究竟什么是支点？"

我说："你去看看圆明园的遗址，再看看圆明园被烧毁前遗址上的建筑照片。"

孟小姐说："那和表达支点有什么关系？"

我说："如果把整个表达比作是一个建筑，那么去掉建筑之上的东西，剩下的这几根支撑建筑的柱子就是表达的支点。"

支点就是支撑表达主题的基本框架。

以雷庆瑶在《超级演说家第三季》的励志演讲《变美的权力》为例，看看支点如何让思路清晰。请你先拿出手机，搜索出这个演讲，看一遍，然后我们一起来分析分析。

这个演讲的主题就是题目《变美的权力》。演讲者的观点很明确，即结语："在我看来爱美就是爱自己，而美丽不仅仅是漂亮的外表和美好的心灵，更是敢于向不完美人生宣战的勇气，不是老天给了你什么你就是什么样子，而是由你自己来选择你是什么样子。"

这个演讲有三个支点。第二段、第三段、第四段分别是一个支撑主题的支点。

第一个支点是：我是爱美狂人。

第二个支点是：失去美的权力。

第三个支点是：找到了属于自己的独特美——东方维纳斯（变美的权力）。

这个演讲内容用三个支点支起框架，如图3-6所示。

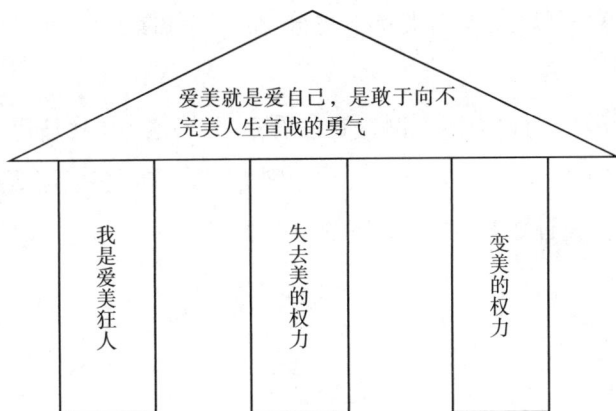

图 3-6　支点框架例（一）

一般来说一次表达的支点应该不少于三个，从力学上讲，三个柱子的支撑才是平稳牢固的，这是一个给听众大脑中建模的过程，你讲完第一个支点，听众大脑里建起了一个支柱，你讲完第二个支点，听众大脑里建起了第二个支柱，你讲完第三个支点，听众在大脑里建起了第三个支柱，主题观点这个框架就可以稳稳地立在听众的大脑中了。

那么，是不是我们在当众表达内容中所设计的支点越多越好呢？

下面我们来做个小测试。

请你看一遍下面的词语，然后合上书，看看记住了几个。

大海、5G、教室、国庆节

生日、鲜花、古老、菠萝

罗浮宫、高尔夫球场、航空母舰

万里无云、小鲜肉、总经理、五星红旗

千与千寻、粉红色、幸福、110 米栏

比特币、激动、非洲象、呆若木鸡

大多数人能记住 7 个左右，记忆力好一点记住 9 个左右，记忆力差一点记住 5 个左右，这就是所谓记忆的七的正负二原理。

显然，表达内容中支点过多会导致听众根本记不住，你会吃力不讨好。所以，最好别超过五个支点，三个支点是不错的选择。如果你有足够多的表达时间，可以在大的支点下再分出三个小的支点，可以阐述得更细致更深入。

还是以《爱美的权力》为例，我们看第一个支点"我是爱美狂人"，在这个大支点向下又有三个小的支点，分别是"有一百多双高跟鞋""不化妆不出门""自己设计旗袍穿"。如图 3-7 所示。

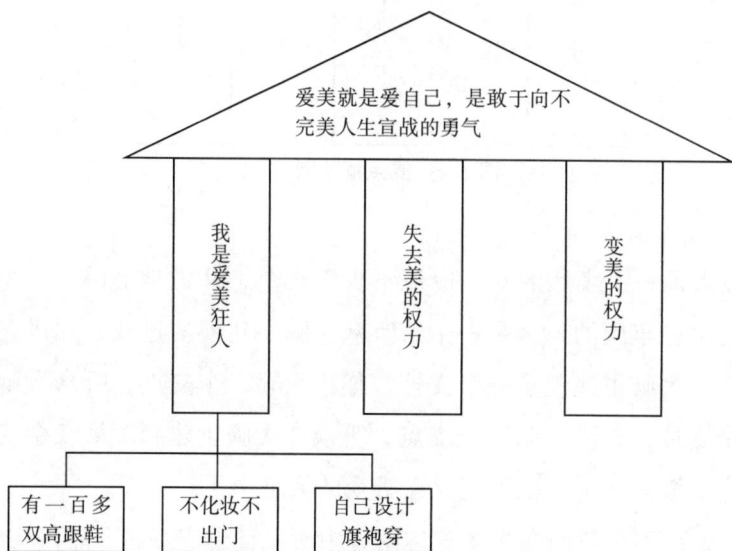

图 3-7　支点框架例（二）

我们看到运用抽象思维，借助支点可以使我们在设计表达内容时像盖房子一样先有一个蓝图，搭出一个很好的框架，从而做到在内容设计上不混乱，表达时思路清晰，条理分明。

南怀瑾讲过关于清代才子纪晓岚的趣事。大意是，有个秀才写了篇文章请纪先生指点，纪晓岚提笔写下："两个黄鹂鸣翠柳，一行白鹭上青天。" 秀才开始很得意，以为夸他的文章写得美，后来才知道，纪晓岚的意思是说："两个黄鹂鸣翠柳，意指叽叽喳喳不知所云，一行白鹭上青天，意指越飞越远离题万里。"这还是客气的。纪晓岚曾批他弟子的文章为"放狗屁"，弟子觉得委屈，纪晓岚说，还有更差的是"狗放屁"，再差的是"放屁狗"。

从纪晓岚的批语可以推测出，问题不是出在文采上，而是文理不通，文章的主题不清晰，不正确，行文也一定是逻辑混乱。也就是说，第一个秀才没理解、没弄清楚主题，导致不知所云，离题万里，相当于没有支点。第二个弟子不但没理解、没弄清主题而且极可能要点也弄错了，乱说一气不可避免，所以导致"放狗屁"。他们有什么好委屈的呢？所以，以其昏昏使人昭昭，是不明智的！

表达时，要做到思路清晰、条理分明。首先，主题一定是明确的。其次，要看是否有足够支撑主题的支点。

如何用好支点

用好支点就要学会发挥支点两大特征。

☆ 将支点概括成一句话

你在设计当众表达内容时基本上会有两种情况，第一种情况是有大量现成素材，你要做的是进行选择，用哪些素材，不用哪些素材，就是看看这些素材是否与你所设定的支点相关；第二种情况是还没有现成的素材，这就需要你去收集素材，一定不是漫无目的去收集素材，而是针对支点来收集素材。

这很像电影剪辑，将影片制作中所拍摄的大量素材，经过选择、取舍、分解与组接，最终完成一个连贯流畅、含义明确、主题鲜明并有艺术感染力的作品。

电影大师阿尔弗雷德·希区柯克说过："真爱和成本不应该成为成片的理由。"他的意思是说，有的拍摄出来的素材耗费了大量的精力和财力，有的拍摄出来的素材他非常喜欢，但这都不能成为电影剪辑时留着的理由。"成为成片的唯一理由就是它能表现你要表现的东西。"

同样的道理，当我们在选择围绕支点的素材时，唯一的标准是——它能证明或引导出支点。

请你想象一下，下周你要对你的团队讲"创新"这个主题，以此激发团队积极探索、勇于冒险的精神。

你设定了三个支点：第一个支点是船停在港湾里最安全，但那不是我们造一艘船的目的；第二个支点是创新带来突破式发展；第三个支点是打破固有的思维框架。

你对已有的素材进行了筛选，又收集了新的素材，让你的表达内容显得很充实。此时此刻，你必须问自己的问题是：如果我明确提出我的支点，我所选择的素材能证明我的支点吗？能令听众信服吗？如果我隐含了我的支点，我所选择的素材能令听众得出支点这个结论吗？

无论你表达的时间长短，内容多少，支点都是你在设计内容时所提炼总结出来的一句话。

"船停在港湾里最安全，但那不是我们造一艘船的目的"就是你为支点提炼和总结的一句话，"创新带来突破式发展"也是你为支点提炼和总结的一句话；显然，"打破固有的思维框架"还是你为支点提炼和总结的一句话。

你碰到过这种情况吗？有人跟你说一件事，说了半天，你终于忍不住问道："你到底想说什么？"

也有人常说一句话叫"get 不到你的点"。"get"在这里通常表示领悟、明白、理解，"点"在这里可以指重点，也可以表示想要表达的观点。"get 不到你的点"的意思就是听的人不理解、没明白、不知道你想要表达什么，听不出你的重点、观点。

想过吗？这是一件多么尴尬，又多么急人的事情啊！假如你的听众在心里开始说"你到底想说什么？"时，证明他们已经"get"不到你表达的支点了。

一天早上，我在小区里闲逛，看到两位邻居大妈拎着刚买回来的菜，边走边说着话。

……

"昨天还是六块五，今天就八块了。"

"可不是嘛，一天一个价，那个卖菜的说，明天还得涨价，我没买，买的别的，看这个多新鲜。"

"去年下雨，就前面那个下水井盖冲开了，掉下去个人差点给淹死了。"

"对，对，那个人有一条狗，拼命地叫，才被人发现给救上来了。"

"咱们小区里的狗越来越多，你带孙子出来可得小心点。"

"那个电视剧演到多少集了？昨天没看到。"

"我跟你说啊，还是以前的电视剧好看，现在的没什么看头。"

……

你对以上这种对话方式一定不陌生，因为它每天都发生在你的身上、你的身边。闲聊也是一种表达方式，闲聊可以随时随地创造出一种轻松的氛围，是当众表达可以去借鉴的。

但当众表达和闲聊有着极大的区别。

闲聊是漫无目的，不用刻意思考，想到哪说到哪，说话的主题跳跃、随时变换也没什么关系，而且越是如此越能聊得好。人们不会在闲聊时问"你到底想说什么？"实际上，往往是为了聊而聊，并没想一定要说什么。

当众表达则不然，当众表达有较强的目的性和具体目标，一般要经过抽象思维地思考才行，即使是即兴表达，想讲得好也一定是快速地在大脑中设定主题，建立支点框架，才能确保没有"乱说"和"说乱"。

正如诺贝尔奖获得者格雷戈里·保罗所说："科学思维最大的敌人是聊天，所谓群居终日，言不及义。"

在一次宴会上，组织者请爱因斯坦即兴发表讲话，被爱因斯坦拒绝了："我今晚没有什么话好说，等我有话说的时候会再来领教。"几天后，他主动联系组织者做了一场非同凡响的演讲。梁实秋在《再见大师》记录了这件逸事。同时，提到另一位名人在一次内容空洞、枯燥乏味、拖沓冗长的演讲结束时，提醒听众可以提问。在长时间的沉默后，一位听众轻声地问道："你回家的飞机几时起飞？"

如果爱因斯坦都需要思考几天，我们是不是就更要想清楚了呢？

如果我们没想清楚就去面对听众，听众早已经在心里不知问了多少遍："你回家的飞机几时起飞？"

因此，讲得好，讲得清楚的前提是想清楚要表达什么，所谓想清楚，就是你用抽象思维提炼和总结出的那一句话。

"那句话"一定要提前在你心里，那就是支点。对，就是支点让你的表达更清晰，切中要害，不浪费听众的时间。

☆ 支点必须分类合理、先后得当

我们先来探讨分类合理。

如图 3-8 所示。请你看这张图一分钟，然后数一数图中有多少种图形，各有多少个？

图 3-8　数图形（一）

图中有_____种图形。

各种图形分别有_____个。

容易数吗？好像有点困难，这几乎是个不可能完成的任务。

困难在什么地方？你也许会说，图形太多，排列太乱，时间太短。

是的。你说得非常正确，图中的图形随机排列，看得人眼花缭乱。

如图 3-9 所示。还是这些图形，现在我们按照下图的方式呈现，同样的请你先看下面这张图一分钟，然后数一数图中有多少种图形，各有多少个？

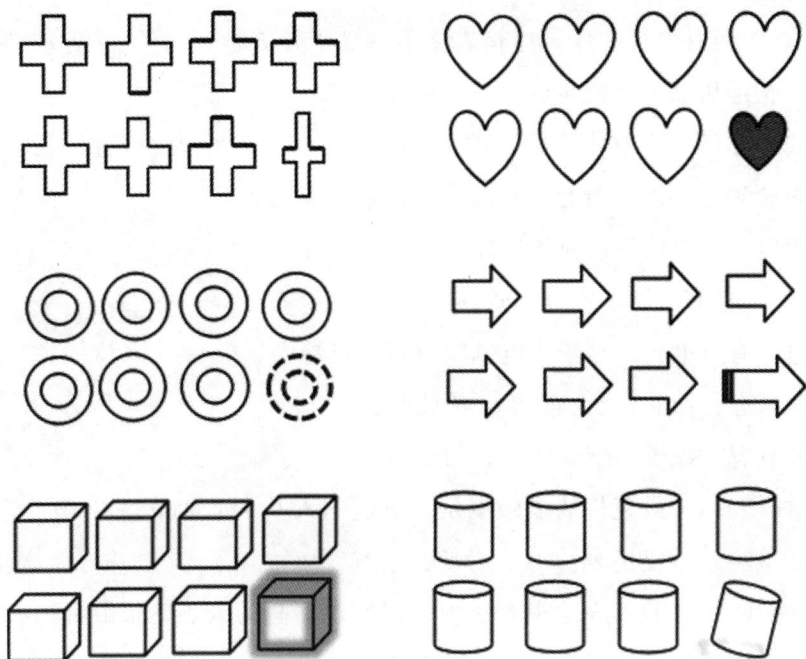

图 3-9　数图形（二）

这回容易数吗？好像很小儿科，我们把一个看似不可能完成的任务变得轻而易举了。

发生了什么？

你一定已经发现了，第二张图将图形进行了——分类。

以上的测验很清楚地表明，人的大脑对分类合理清晰的内容处理得更快速。

同样，我们在表达时，听众的大脑也对分类合理清晰的内容处理得更快速，记起来更容易。因此，在设计我们的当众表达内容时，支点在其中就具有合理分类的任务。对支点的要求有三个要点：

● 支点和支点之间是在同一层次上，没有重复和部分重叠。

● 每个支点下的内容都属于此支点所涵盖的范围。

● 各个支点尽量划分到穷尽。

举个简单的例子。

请看以下这段话。

"在二楼有电视、床、冰箱、椅子、盘子、衣柜、勺子、碗、电风扇、筷子、扫地机器人、梳妆台。"

如果你已经理解本章前面的内容，那么你一定会说："这样表达是没有经过合理分类的，听起来有点乱，记起来有点难。"

所以，这段话我们应该这样表达。

"在二楼有电器、家具和餐具。

电器有：电视、冰箱、电风扇、扫地机器人；

家具有：床、椅子、衣柜、梳妆台；

餐具有：盘子、碗、筷子、勺子。"

这样表达，最直接的成效就是，听过的人基本上能重复出 10 个左右，很多人能全部重复出来。

我们听到有的人表达很有条理、很清楚，有的人表达很混乱，听不出个头绪，看了以上这个例子，你是不是已经找到一些原因了呢？

我们再来看看这段表达是否符合支点的三个要点呢？我们设有三个支点，分别是"电器""家具""餐具"。首先，这三个支点没有重复和部分重叠，三个支点处于一个层次上，都是在物品属性这个层次上。如果我们设定的支点是按地点分，"客厅""卧室""厨房"，就有可能产生重复或重叠。如果我们将支点设定成，"电器""客厅""木制品"，就没有在一个层次上。其次，对具体的物品进行了合理分类，每个支点项下的物品都属于这个支点的范畴内。如果我们说，电器有：电视、冰箱、电风扇、筷子，很显然，筷子就不属于电器的范畴。最后，对二楼的十二种物品全部进行了分类，没有遗漏，划分到了穷尽。

人类在不断地进化中，逐渐认知世界，随着认知的不断增加，人们发现世界是如此的复杂与无序，而未知远比已知多得多，人们希望事物变得有序与可控。所以，最初人类就根据事物不同属性、维度及规律，对其进行区别与分类，而且世界本身也充满了分类，春、夏、秋、冬；白天、黑夜；男人、女人……

可以说，人们对事物的分类能力是与生俱来的，是天赋潜能。为人父母的都有这样的经验，婴儿对吃的"第一口"奶有极大的依赖性，如果父母想换另外一个品牌的奶粉，孩子会用一夜的哭声告诉父母："我只吃那个奶！"婴儿就已经会对奶粉分类成：我要吃的和我不要吃的了。他们学会说话时，喊："妈妈、爸爸、叔叔、阿姨……"已经开始对人进行分类，还有吃饭啊，睡觉啊，哪些是能玩的，哪些是能吃的，等等。

如此看来，我们的当众表达，就应该，第一，充分发挥自己与生俱来的分类能力，将内容通过支点合理分类。第二，通过设计合理的分类，让听众更易于接受你的内容。

我们对表达内容进行了合理的分类，然后面对各个支点应该选择先说哪个，后说哪个？即先后得当。

所谓的先后得当，是指你说话的先后有合理的逻辑关系，要符合人们的思维规律。你是不是有过这种体验，有的人表达特别有说服力，听他们表达，一步一步特别清晰，听着听着你的思路就跟着走了。

我们认为这就是逻辑性很强的人。

请看一个在重要会议中汇报表达的案例，表达内容没有找到支点间的逻辑，效果会怎样。

"不得不说，我们蒙受了损失，是 500 万元或者是 5 万元，总是有人为的疏忽，如果操作人员在连接时能够看到就可以避免损失的发生了，15 号设备的数据确实比其他设备要复杂，这次发生了部分丢失。我们曾想办法使工作质量提高，但是还没来得及实施，这次恰好是个时机。在衣服的下摆位置，多开了一个 2 厘米的口子，这是一个很大的事故，我们可以把损失降到 5 万元，我们已经测算过了，就因为这个 2 厘米的口子，我们需要赔偿，也可以报废整批服装，会损失 500 万元。必须合并两个生产流水线，而更有效的措施是对 15 号设备数据设计更新，××订单的客户同意多支出 5 万元材料费，可是要求提前 10 天交货。在过去的 48 小时里，我们想了许多办法，其中把下摆处多出的口子改成一个荷叶花边比较好，只增加 10 万元成本。因为我们想到了连接到 16 号设备上，但那需要改变申请时效及审批流程。

我们已经做好了准备，希望能得到各位的支持。"

这一段表达有很多信息，但几乎无法梳理出支点间的逻辑关系，想到哪说到哪，显得凌乱而无序，特别像闲聊，对不对？而在这样的场合下，听众不是来陪你聊天的，此时，听众最想冲口而出："你到底想说什么？"

我们来调整一下，通过想清楚支点，让这段表达先后得当，有逻辑性，听众听得懂，达到表达者的目标，请看调整后的表达。

"不得不说，我们有可能损失 500 万元。

由于我们的 15 号设备数据出现了部分丢失，指令错误，操作人员连接失误，导致×× 订单的整批服装，在下摆处多开了一个 2 厘米长的口子，如果按合同赔偿或报废重新再做一批，我们将蒙受 500 万元左右的损失。

在过去的 48 小时内，大家想尽办法解决这个问题，终于有了解决方案。我们把下摆处多出的这个 2 厘米开口做成一个荷叶花边，只需增加成本 10 万元。经过沟通客户已经同意，并且愿意承担 5 万元的材料费，条件是提前 10 天交货。这样我们就将损失控制在 5 万元。

假如启动这个方案，我们必须：①连接 16 号设备，这需要改变申请时效及审批流程；②合并两个生产流水线；③对 15 号设备的数据进行设计更新。

我们已经做好了准备，希望能得到各位的支持。"

重新设计后的汇报表达显然比之前好得多。我们来看看内容调整后比调整前好在哪里？

首先，表达的目标很明确：得到汇报对象对解决方案的支持。

其次，支点间先后得当，逻辑清晰，按照提出问题、分析问题、解决问题的逻辑来进行汇报。

支点一，可能蒙受 500 万元损失；

支点二，造成损失的原因；

支点三，可以将损失控制在 5 万元的解决方案；

支点四，解决方案需要的资源。

如果你是听汇报的人，你当然也希望听到第二种表达。

对当众表达来说，我们在设计内容时就要知道因果规律在哪里，是演绎推理还是归纳总结，通过这个规律来确定先讲什么，后讲什么，听众就觉得顺畅，容易接受。绝大多数情况下，表达前言不搭后语，是逻辑不顺造成的。

其实，逻辑顺序在表达中往往是一条"暗线"，是你抽象思维的过程，是支点与支点之间的关系。

一般来说，以下三种关系比较常见，可以让我们很容易做到先后得当，逻辑顺畅。

按时间先后，比如，过去、现在、将来等。

按空间先后，比如，由大到小、由小到大，从外到里、从里到外等。

按重要程度先后，比如，从主要到次要，从急迫到不紧急等。

我们经常采用第一点、第二点、第三点；首先、其次、最后等类似的字眼来确定支点间的顺序，这是符合听众对表达清晰的期望的。

可是，这显得比较俗套，不够活泼，我们完全可以发挥点创意，给听众留下更深的印象。

比如：

组词法。在本书第四章有效提问一节，就运用了此法，把有效提问的五个步骤谐音组词为"为等情人回"。即提问（为）、等（等）待、倾（情）听、确认（人）、回（回）应。

首字母法。在产品销售中经常采用介绍产品的顺序是，Feature（特性）—Aduantage（优势）—Benefit（带来的好处）—Evidence（证明是真的），首字母就是 FABE。

提问法。每个支点都以问题的方式提出，然后给出解答。这个项目是什么？为什么有产出？能产出多少？为什么我们可以做？为什么现在做？

数字法。把内容归纳成数量表示。比如：一个目标，两大原则，三种方法。

回顾一下：

● 用抽象思维确定一个具体目标，让我们不跑题、掌握好尺度；

● 厘清思路、理顺条理必须主题明确，支点支撑主题；

● 将支点概括成一句话，支点间分类合理、先后得当。

形象思维的感性之歌

在当众表达中，我们如何能够展现出有趣的灵魂、丰富的感受、震撼的呈现、难忘的启迪呢？

答案是：让感性之歌激荡听众内心深处的情感之声。

形象思维需要更多精力

你玩过"一个比画，一个猜"的游戏吗？一个人能看到一个词语，另一个人看不到，不知道是什么词。看到词语的人不能说出词语所包含的字，用动作比画的方式表示所看的词语，让另一个人猜是什么词语。

我们经常会看到在游戏结束时，两个人会相互埋怨："这么简单都猜不出来……""你比画的谁能猜到啊……"

伊丽莎白牛顿博士在斯坦福大学做了一个类似的试验。她把志愿者分成两组，交给 A 组的志愿者一些大家耳熟能详的歌单（比如：《祝你生日快乐》等），让他们在桌子上敲击歌曲的节奏，B 组的志愿者作为听众要猜出是什么歌曲。她让 A 组的志愿者预测听众猜对的概率会是多少？A 组认为 B 组的正确至少应该在 50%。

试验开始了，A 组一共敲了 120 首歌曲，B 组猜对了多少首呢？

猜对了 3 首。正确率 2.5%。A 组的预测是那么的乐观，而实际情况却令他们大失所望。什么原因呢？因为 A 组在敲打节奏的时候，大脑里响起这首歌的完整曲调，他们甚至在心里哼着这首歌，而 B 组听到的却只是忽快忽慢的敲桌子声。所以，当敲桌子的人想："我已经敲得多明显了。"他们的听众却只能是一脸懵的状态。有意思的是，在听众竖起耳朵极力去听的时候，敲桌子的人表现出了迷惑不解，他们认为："这多么简单啊，怎么还听不出来？"这就是每个当众表达者都要引以为戒的"知识的诅咒"。

维基百科上解释如下：知识的诅咒指的是当一个人与其他人交流时，不知不觉地认为其他人有（他自己已经具有的）背景知识。

敲桌子的人由于事前知道歌曲，这个知识"诅咒"了他们，让他们不易理解没有这个知识的情形。换句话说，就是一旦我们知道某样东西，我们就很难想象不知道它是什么样子。

对于我们来说，面向听众表达，最大的障碍不是我们不知道什么，而是我们知道了什么，因为我们很难体会作为不知道者的听众的感受，也想不起应该重新创造不知道时的情形。

那么，我们如何才能避免成为被知识诅咒了的敲击者呢？

内容设计的另一个重要原则：形象思维需要花更多的精力

抽象思维和形象思维的关系有点像你住进新家的过程，你首先要有个房子，其次是装修，再次是家具家电、家居用品，最后满心欢喜地入住。

一旦房子确定了，我们的注意力就要聚焦在装修、装饰上了。

一旦主题与支点确定了，我们的注意力就要聚焦在形象思维上了。

我们的观点很明确：怎么说比说什么要花更大的精力进行设计。抽象思维决定了说什么，形象思维决定了怎么说。

如何让听众最难忘

形象思维方法一：讲故事。

在电视剧《激情燃烧的岁月》中有一个桥段，能让你领略到"怎么说"对听众的影响有多大。大致的内容如下。

班长说："今天班会，关于石林同志扔窝头的事，请大家发言。"

战士甲说："石林娇气太重，吃不了苦，看不起我们农村人。"

战士乙说："石林常讽刺、挖苦我们农村战士，有一次大家看到画报上有香蕉，问怎么吃，俺说炒着吃，为这事，石林嘲笑了俺一年。"（石林偷偷笑）

战士丙说："石林浪费粮食不对……"

张永厚说："我是个粗人，不会说什么。就说窝头吧。我在农村长大，我们村穷，粮食不够吃，都是红苕饭、野菜团，我来部队之前没吃过一个粮食做的窝头，到了部队，吃上了窝头，班长说，一个窝头要 4 两粮食，我数了数，4 两粮食就是 250 粒玉米，老人说，一颗汗珠子也换不来一粒粮，250 粒玉米得要农村人吃多少苦、洒多少汗珠子才种得出来？我家烧柴禾做饭，有一次，我烧玉米秆让我妈看见了，她一把伸手到火里面撸出个玉米棒来，烧得手上起了泡，原来是那个玉米棒上还有几粒玉米籽。我的话完了。"

石林说："张永厚，我向你保证，我以后绝不浪费粮食了。"

班长说："你怎么这样说话呢？大家都在帮助你，为什么你只向张永厚一人保证？"

石林说："因为只有张永厚一人真正教育了我！"

这一段很有趣，也很值得我们深思。我们来分析一下，这是一次班会，主题很明确，"帮助石林同志改正浪费粮食的毛病"，班长一上来就点明了主题，并要求大家发言。这次班会中依次发言的有战士甲、战士乙、战士丙和张永厚，显然，石林是被教育的对象，即这次班会的发言主要是说给他听的，他是最主要的听众。但是石林的反应是"只有张永厚一个人真正教育了我！"，怎么回事？

我们来看看张永厚的表达与另外三个战士的区别在哪里？

战士甲、战士丙的表达运用的是抽象思维，只说了一个结论、一个判断，石林没有任何反应，并不接受。战士乙有运用抽象思维，并有形象思维结合，石林有了反应——偷偷笑，但战士乙讲的与主题无关，跑题了，变成了个人抱怨。我们来看张永厚的发言，因为班会主题已经很明确，石林即听众也已经很清楚，所以张永厚没有再赘述观点，而是充分运用了形象思维紧贴窝头这个话题，讲了一个自己的亲身经历和切身感受的故事，石林的反应是："张永厚，我向你保证，我以后绝不浪费粮食了。"

因此，形象思维在听众接受你的观点过程中起到了让其愿意接受的作用，就像机器运转时的润滑油一样，减少阻力，顺畅自然。

普林斯顿大学神经学家尤里·哈森（Uri Hasson）设计了一项实验来研究"人类沟通系统"和"有效故事叙述"。

首先，尤里·哈森在受测者讲授或聆听故事时对他们的大脑进行功能性磁共振扫描。播放故事之前，每位聆听者的大脑活动波形各不相同，但播放故事时，所有聆听者的大脑活动的波形随着故事的发展而起伏，趋于一致，并且与讲述者的大脑波形几乎完全一致，保持高度同步。这叫"神经震荡同步化"。

其次，实验人员依次让受测者只听讲述者的声音、文字、句子、故事，以区分以上哪一种对听众影响最大，通过扫描他们的大脑，得到的结果显示当听到完整、连贯的故事时，受测者的大脑反应不仅极其相似，而且进入深层区和高阶区域。

最后，实验人员将同样的故事分别用英语和俄语播放给英语听众和俄语听众，扫描受测者的大脑发现，英语组和俄语组的大脑反应仍然非常相似，同样进入深层区和高阶区域。

结论很明显，好故事可以让当众表达者的大脑与听众的大脑同步，并且可以让听众的大脑处在极好的接受状态。

我们一定有这样的体验，听过一次当众表达，过了一段时间后，很多内容都忘记了，可是，那段有趣的故事依然还记得。

小时候，奶奶、姥姥给我们讲的故事，若干年后，我们又讲给了我们的孩子听。

讲故事在当众表达中是最难忘的形象思维。

讲故事就是形象思维的传递，故事可以在听众的头脑中建立一个情境，传递的信息蕴含其中，具有"润物细无声"的魔力，对听众产生了巨大的影响。

如何直击听众内心

形象思维方法二：视觉呈现。

如图 3-10 所示。我先请你看一个图案。

为了让学员体会到视觉呈现形象思维，我常常在当众表达训练课堂上，和他们做一个互动活动。我会邀请一位学员到前面来，把印有这个图案的一张纸交到他手上，他能看到纸上的图案，其他人看不到图案。我要

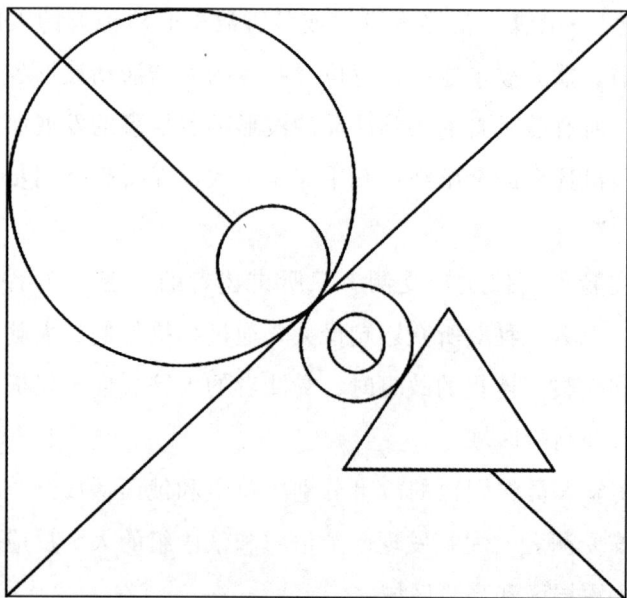

图 3-10　听说画图

求这名学员用语言描述手中纸上的图案，其他人根据他的描述画出这个图案。

现在我请你设想一下，你就是这个描述图案的人，请猜一猜听过你的描述后，有多少人能正确画出这个图案呢？

实际的情况是：画正确的人数为 0。

这和描述者的表达能力并无正相关，我发现一个有趣的现象，有时，越是表达能力强的描述者，其他人画出的图案越离谱。

问题出在哪里？

你一定已经想到了，我要求用语言描述是最大的障碍。我们变一种方式，描述者只要把图案展示给大家看，让大家照着画。

情况会怎样？立刻变成画不正确的人数为 0 了。

所以，如果你有机会给你的听众展示图片、视频、实物这类视觉呈现的东西，千万不要错过，它将能更好地让听众接受，视觉呈现是最直接的形象思维。

还记得那张《我要上学》的照片吗？照片中小女孩的形象立即成了"希

望工程"的代名词。她那双渴望知识的大眼睛，一下子抓住了人心。

不得不承认，这张《我要上学》照片的出现是"希望工程"的里程碑事件，人们牢牢地记住了这双大眼睛，同时牢牢地记住了"希望工程"，它打动了无数人。任你口吐莲花、口若悬河，也不如这张照片来得直接有效。

一张图胜过千言万语。

根据联合国的数据自叙利亚 2011 年 3 月爆发内战以来，已有超过 400 多万人逃离家园，偷渡到土耳其、黎巴嫩和约旦等国家；联合国表示，仅 2015 年不幸葬身地中海的难民高达 2500 人。之前欧盟委员会曾提议由各国通过配额制分摊难民，但这一提议遭到包括法国在内多个成员国的反对。

2015 年 9 月 2 日，土耳其海滩上发现了一具 3 岁男童的遗体，他是来自叙利亚科巴尼的库尔德难民艾兰，当记者拍下艾兰脸部朝下溺死的照片发表之后，立即引起了国际社会的震惊。9 月 4 日，欧洲各国开始放宽难民入境限制。

是什么让这些几个月前在明知道有大量难民死于非命，还坚决不同意难民入境的国家，转眼就同意放宽入境政策？

不得不说，那张照片"揪住"了人们的心，造成了巨大的舆论压力，使这些国家暂时放下利益，做出了人性的决定。

莫把丹青等闲看，无声诗里颂千秋。通过恰当的图画来表达传递出的内容，往往会产生极佳的效果。

俗话说得好："耳听为虚、眼见为实。"用实物辅助、佐证你的表达，会起到真实可信、意想不到的效果。

美国著名作家西德尼·谢尔顿的代表作《天使的愤怒》中有一段精彩的法庭辩护，我们看看詹妮弗律师在极其不利的情况下，是怎样利用实物赢得法庭辩护胜利的。

我们知道，美国的法律是陪审团制度，所以，在法庭上如何说服陪审员具有决定性的作用。不仅表达要好，而且要有策略和设计。

詹妮弗的委托人威尔逊是一名正在服刑的杀人犯，他在监狱里又杀了人，被地区检察官告上法庭。詹妮弗要为他做自卫杀人的辩护，可是，情况对詹妮弗极其不利，委托人威尔逊不信任、不配合她，陪审团有偏见。

地区检察官经验老到，他不仅抓住杀人的事实，而且抓住威尔逊魁梧高大的身躯与被害人矮小的身材形成的鲜明对比大做文章，步步紧逼，大家都认为他已稳操胜券。

詹妮弗将如何逆转呢？她又是通过什么在短短的几分钟内影响了主要听众——陪审团，让他们改变了看法呢？

在庭辩的关键阶段，詹妮弗拿出一个木箱子，申请作为证物。在获得法官的同意后，她双手捧着盖着盖子的箱子，开始了她的陈述。她先是提出一个问题，当事人杀人的动机是什么呢？并直接给出答案，唯一能证明正当的杀人动机是自卫，借用地区检察官的话，一个人为保护自己的生命而斗争。同时，告诉大家这也是她出示这个箱子作为证物的原因。然后，她借用证人证言，在押犯人确实能自己制造形形色色的杀人武器，证明被害人即使在狱中仍有可能随身携带可怕的武器，用来攻击她的当事人。接着她告诉陪审团，她手中的箱子里装着的就是监狱里的犯人私下制造被没收上来的各种武器。最后，她走向陪审团时，仿佛被绊了一下，身子一歪，箱子脱手而出，里面的东西撒得满地都是。人们都站起来以便看得清楚，人们震惊地看到了五花八门、各式各样的令人心惊胆战的 100 多件武器。有意思的是，当法警要过来帮助拾起地上东西时，詹妮弗制止了他。在所有人的注视下，她跪在地上，小心翼翼地、慢吞吞地一件、一件捡回箱子里，足足用了 5 分钟。人们都瞪大了双眼，目不转睛地看着……

你能猜到结局了吗？是的。

法官照着纸上写的读了起来："本庭认定被告亚伯拉罕·威尔逊并不犯有被指控的罪行。"

詹妮弗在非常被动的局面下，机智地运用实物展示的力量，成功地说服了陪审团，取得了法庭辩论的胜利。

詹妮弗庭辩固然说得很好，但你一定已经发现了实物给听众带来的感官上的冲击，是不是直接而有力？

乔布斯在发布会上的演讲已经为无数人推崇和效仿，在他众多经典演讲中，令人念念不忘的是——推出 MacAir 电脑的瞬间。舞台上，他从一个在办公室常用的大信封中取出电脑，以此来展示它是多么纤薄。2008 年 Mac 大会的这一刻，被定格在听众的脑海里。

所以，**图片、视频、实物等在当众表达中的巧妙呈现是最直接的形象思维。**

如何做到鲜活生动

形象思维方法三：比喻、打比方、举例子。

春秋时期，晋平公问一位著名的盲人乐师师旷说："我今年 70 岁了，想学习，恐怕已经晚了吧！"师旷说："为什么不在晚上点燃火烛呢？"晋平公说："哪有做臣子的戏弄他的君王的呢？"师旷说："盲眼的臣子怎么敢戏弄他的君王啊！我听说，年少的时候好学，就如同日出时的阳光；壮年的时候好学，就如同太阳在正午时的阳光；年老的时候好学，就如同点亮火烛时照明的光亮。点燃火烛照明，和在黑暗中摸索哪个更好呢？"晋平公感叹："说得好啊！"这是出自《说苑·建本》的故事。师旷眼盲心不盲，很善于表达，他没有直接回答晋平公的问题，而是用打比方的方式让晋平公明白了好学不晚的道理，生动而又形象。比喻、打比方、举例子是最生动的形象思维。

当我们用到这些词，"就像、比方说、举个例子、相当于……"时，表达将变得生动起来。

下面，请你来做个试验（如果你是这个领域的专家，可忽略），如果有人按照第一段话的说法跟你解释一个概念。

"基因突变发生在有丝分裂的间期和减数第一次分裂的间期，即发生在 DNA 复制的过程中。"

好，合上书，现在告诉我，你对基因突变的理解是……

再看第二段话。

"基因突变就像同学们抄别人的作业，其实就相当于进行 DAN 的复制，如果抄错了就相当于发生了基因突变。它发生在有丝分裂的间期和减数第一次分裂的间期，即发生在 DNA 复制的过程中。"

好，合上书，现在告诉我，你对基因突变的理解是……

估计你已经明白了我的用意，因为你多少已经体验到了第一种和第二种表达对听众的影响有很大的差别。

显然，第二段比第一段更容易理解所要传递的内容，第二段打了个比方。

你要传递的思想、知识、信息与听众头脑中的思想、知识、信息一般存在三种关系。

第一种关系，你要传递的思想、知识、信息在听众头脑中是不存在的，即你讲的内容对听众来说是完全陌生的。

第二种关系，你要传递的思想、知识、信息与听众头脑中的思想、知识、信息是重叠的，极端的情况下是听众比你知道得还多，即你讲的内容对听众来说是完全知悉的。

第三种关系，你要传递的思想、知识、信息与听众头脑中的思想、知识、信息是部分重叠的，即你讲的内容有一部分是听众熟悉的，有一部分是听众陌生的。

请你做个判断，你在表达时，你的内容应该保持在哪种关系上，会对听众产生较好的影响效果？

对，第三种。

第一种关系，因为听起来太艰涩、太难懂而让你和听众都觉得很困难。第二种关系，因为对听众的价值几乎为零而让听众觉得是浪费时间、弃你而去。第三种关系，是借助你与听众共有的思想、知识、信息作为一个纽带和桥梁传递了你的思想、知识和信息。

在当众表达中，你可以把比喻、打比方、举例子，看成是一个载体，这个载体帮助听众用他们熟知的去理解他们陌生的或半生不熟的。

"基因突变"不容易记住和理解，"抄作业"一定会在你的头脑中产生形象的链接，让你容易记忆和理解。

"婚姻就像围城，城里的人想冲出去，城外的人想冲进来。"钱钟书先生把婚姻比作围城，要传递的思想就含在"围城"这个大家头脑中都熟悉的事物中，让听众一下子就领悟到其中的意思，并且印象深刻。

比喻、打比方、举例子在表达中就像搭一个梯子，你提出一个新的观点、概念、理念等，它们横空出世，就挂在半空中，听众呆呆地在地面上看着它们，看不清、摸不到。此时，你需要给听众搭一个"梯子"，让听众顺着梯子爬上去，让他们接近了你的观点、概念、理念，他们就看得见、摸得着了。

当然，这个梯子要符合听众的能力，也就是说，你要知道你表达的对象的水平在哪里？尤其是当你拿出一个超出常识的梯子时。

举个例子。读过王国维的《人间词话》的人，一定对人生的三重境界印象深刻。古今之成大事业、大学问者，必经过三种之境界："昨夜西风凋碧树，独上高楼，望尽天涯路。"此第一境也。"衣带渐宽终不悔，为伊消得人憔悴。"此第二境也。"众里寻他千百度，蓦然回首，那人却在，灯火阑珊处。"此第三境也。

如果你对诗词没有一定基础，压根不能理解什么是"昨夜西风凋碧树，独上高楼，望尽天涯路""衣带渐宽终不悔，为伊消得人憔悴""众里寻他千百度，蓦然回首，那人却在，灯火阑珊处"又怎么能够理解所谓的三重境界呢？

"海外投资机构正在加大对中国投资的力度，在他们眼中，中国就像一列拉着汽笛的火车，即将离开站台，而那些还没上车的旅客，此刻，只能争分夺秒……"用一个比喻就把一个看似复杂的内容表述得非常传神。

"站在风口上，猪都能飞起来。"打一个比方就让表达形象到你可以立刻想象出一个有趣的画面，想不被传播都不行。如果当初雷军直接说："机会来了选择对了很重要。"你又能指望这句话产生多大的影响呢？

你是否已经意识到了，想要成为当众表达的高手，要善于说出精准而巧妙的比喻和比方，善于举出恰当而具体的例子。

一问一答之间。

一天，小胡对我说："如果我们要提高演讲能力一定绕不开学习一篇演讲。"

我问："哪一篇演讲？"

小胡："《我有一个梦想》。"

我说："完全正确。那你思考过吗？马丁·路德·金的《我有一个梦想》这个演讲究竟好在哪呢？"

小胡："在恰当的时间、恰当的地点、说了恰当话。"

我说："请抛开历史背景，这是一篇好演讲吗？"

小胡："当然。他讲的自由、平等与听众产生了极大的共鸣。"

我说："完全正确。可是，请你再深入地想一想，仅仅是因为他讲的主题思想的原因吗？在马丁·路德·金之前有人讲过自由、平等吗？在马丁路德金之后有人讲过自由、平等吗？在当时有人讲过自由、平等吗？"

小胡："肯定有啊。"

我说："也就是说，他不是前无古人、后无来者。为什么他这篇演讲能产生如此之大的共鸣呢？"

小胡："嗯……，讲得太好了呗。"

我说："完全正确。所以，我们要探究他是怎么把一个人人皆知的道理讲得如此之好。"

请你现在夹上书签，合上书。从手机里搜索到《我有一个梦想》这篇演讲，再认真读一遍，我强调一下，是认真地读一遍，读完后再重新打开书。

欢迎你回来。

读的过程中，你一定立刻就注意到了如排山倒海般的重复排比结构。但是，你是否细心地发现了几乎每一段都有生动形象的比喻呢？

比如，"这一庄严宣言犹如灯塔的光芒，给千百万在那摧残生命的不义之火中受煎熬的黑奴带来了希望""它的到来犹如欢乐的黎明，结束了束缚黑人的漫漫长夜""一百年后的今天，黑人仍生活在物质充裕的海洋中一个贫困的孤岛上""美国没有履行这项神圣的义务，只是给黑人开了一张空头支票，支票上盖着'资金不足'的戳子便退了回来""如同沙漠般的地方，也将变成自由和正义的绿洲""自由和平等的爽朗的秋天如不到来，黑人义愤填膺的酷暑就不会过去"，等等。

你试过把《我有一个梦想》演讲中的比喻全部拿掉，用普通的方式表达。不用我说了，你也能想到效果，就像失去水分的蔬菜，你还能认出是什么菜，但已经干巴巴毫无生命力了。

是这些充满力量的、形象生动的、直指人心的比喻，对演讲的效果起到了巨大的作用，让人由衷地发出"讲得太好了"的感叹。

还记得我们前面的章节写到的对主题的提炼和挖掘吗？我们讲的思想、观点、知识是经过深思熟虑的，甚至是长期学习实践得出的，而你的听众没有这个过程，你在当众表达时的一个巨大挑战就是如何在相对很短的一番表达后，让你的听众理解、接受、认同了你长时间思考、学习、实践得到的思想、观点、知识。比喻、打比方、举例子就是在最大程度上解决这个挑战。

我们要谨慎地提醒某些专业人士，当我们面对的不是你所在专业领域的人士时，你的表达要格外小心，因为有极大的可能性是你的听众会被你的专业内容弄得晕头转向，听众会说："你讲得好专业，可是我听不懂。"

我们来看一下某些表达中曾听到的一些专有名词，"波前像差""代位求偿权""承兑信用证""谐振变流""质押式回购"……如果这些名词你全都明白，那你的博学真是大神级的存在。可是实际上，多数人是一脸懵的状态。

也许你会说，你可以解释一下嘛。好的，这是我听到的其中一个的解释：

"波前像差即是由实际波前和理想的无偏差状态的波前之间的偏差来定义。测量眼视光系统的总体像差。波前技术，原先设计用于帮助宇航员收集太空信息。它的工作原理是采用168条安全的激光束照射眼底，通过对视网膜反射光的波前分析，来测量包括角膜、晶体和玻璃体在内的眼球整体像差。"

怎么样？这就是我们经常听到的讲法，对绝大多数人来说这就是个"谜"。

如何解开这个"谜"？

给听众一个"梯子"——比喻、打比方、举例子。

比如，你要向听众解释什么是保险代位求偿权，你说："因第三者对保险标的的损害而造成保险事故的，保险人自向被保险人赔偿保险金之日起，在赔偿金额范围内代位行使被保险人对第三人请求赔偿的权利，就是代为求偿权。"

此时，你需要给听众一个"梯子"，可以举个例子。

"有个案例，王先生将自有的车辆向 A 保险公司投保，保险期间内，王先生将该车停放在收费停车场内。次日上午，王先生去取车时，发现车辆被盗。A 保险公司向王先生支付了 32 万元的赔偿金。与此同时，王先生向 A 保险公司出具了权益转让书，A 保险公司就获得了向停车场要求赔偿 32 万元损失的权利。A 保险公司起诉停车场，法院认为 A 保险公司依法取得了代位求偿权，有权向有过错的第三方（停车场）进行追偿。"

你看，你讲一个例子，听众就容易理解了，他们顺着这个例子触碰到了那个枯燥的概念。

再如，你提出一个观点，你也可以紧接着讲一个例子来证明你的观点，这是一种常用的方法。

"难听的话，也许是对你最有用的话。"这是你的观点，你紧接着说："我举个例子吧。"

"小赵开着新买的敞篷跑车，行驶在滨海大道上，一边是碧波荡漾的大海，一边是茂盛翠绿的山林。小赵提高了车速，播放着音乐，让海风肆意地吹过来，他享受着驾驶的乐趣。在前方出现了一个弯道，视线被山体挡住看不到弯路那边的情况。小赵刚要放慢车速，突然，从对面冲出一辆吉普车，反道开了过来，在即将相撞的一刹那，小赵急打方向盘才躲避过去，惊出了一身冷汗。然而，在错车的瞬间，开吉普车的人朝他大声嚷道：猪！猪！猪！小赵顿时火冒三丈，大喊着回嘴：你才是猪！你这头蠢猪！此时，小赵的车转过了弯道，只见一群猪正在滨海大道的路中央慢慢迎面走来，他来不及刹车，一头撞了上去。"

你抛出一个观点："难听的话，也许是对你最有用的话。"作为听众不太容易记住或不一定认同。于是，你举一个形象的例子，这个形象的例子很容易被听众记住和理解，只要听众记住、认同了这个例子，你的目的就达到了大半，表达的效果就更有效了。

另一个形象的用词是——相当于。"纳米，是一个长度单位，1微米为千分之一毫米，1纳米又等于千分之一微米。"这么说完之后，你虽然从知识的角度知道了纳米的长度，但似乎对纳米的长度还是没有形象的认知。我们加进一个"相当于"。变成这样："纳米，是一个长度单位，1微米为千分之一毫米，1纳米又等于千分之一微米。头发丝细不细？1纳米相当于头发丝的六万分之一。"我们对头发很熟悉，印象是很细，"相当于头发的六万分之一"，我们立刻就对纳米的微小有了直观的印象。

又如："黑洞的爆炸会产生巨大的能量，相当于千万个原子弹同时爆炸的威力。"

"图灵奖专门奖励那些对计算机事业做出重要贡献的个人，相当于计算机界的诺贝尔奖。"

还记得××奶茶那句广告词吗？"杯装奶茶开创者，连续六年销量领先。一年卖出7亿多杯，（相当于）连起来可绕地球两圈！"

用了"相当于"，你就把一个个冷冰冰的数据，陌生的概念与听众头脑中原有的认知链接起来，是不是让你的表达立即变得有了温度呢？

一问一答之间。

孙先生对我说："我该从哪里改变才能让听众喜欢听我表达呢？你能给我一个建议吗？"

我说："从今天起，你养成一个习惯，当你要传递一个观点时，问自己——可以讲个故事吗？可以说相当于、就像、比如吗？可以举个例子吗？可以看个图片（视频）、拿个实物吗？可以就加上，不可以就先不讲。"

孙先生反问道："这么简单吗？"

我说："因为简单，所以忽视。"

如果你确实觉得简单，这个"梯子"还有一种高级的玩法。

你听过"游刃有余"这个成语吗？我给你三个选项，请你挑出你认为正确的描述。

（1）警察包围了这几个悍匪，他们不但手中游刃有余，而且还有枪。

（2）在丛林里突然蹿一条蟒蛇，他吓得游刃有余。

（3）你的表达能力那么强，这次表达对你来说你肯定游刃有余。

你选了哪一个都不重要。你可能会说："你在逗我吗？"你先别恼火，我要引起你注意的是：你知道"游刃有余"这个成语的出处吗？

是的，这个成语出自庄子的《庖丁解牛》，讲的是一个宰牛高手的事。这个高手是位姓丁的厨师，被文惠君请去杀牛，丁师傅技艺高超，完全把杀牛这件血腥而笨重的工作变成了一场艺术表演，看得人们如醉如痴。接着应文惠君的要求，丁师傅向人们讲述了"杀牛艺术家"是怎样练成的……

那么，庄子真的是要告诉人们怎样杀牛吗？当然不是。是要告诉人们养生的道理吗？好像是，却没有直接告诉人们养生的道理是什么，又似乎还有其他的什么。

这就是高级的玩法：隐喻和寓言。

假如伊索不是用寓言的方式，我怀疑以他的身份，《伊索寓言》是否还能流传至今并流传如此之广。

著名儿童文学作家、北京大学中文系教授、国际安徒生奖获得者曹文轩来到中央电视台《开讲啦》栏目演讲。我建议你先拿出手机搜索出《开讲啦》2017 年 0102 期，看一看、听一听。因为，这次演讲简直就是运用故事加隐喻方式进行表达的经典之作。

曹文轩认为个人经验是文学的宝贵财富，灵感是知识积累后的突然爆发，而知识累积是经验和虚构产生作用的前提。他讲了三个故事，第一个讲的是一个贫困山区的女孩的故事，你能想象出这个女孩贫穷的程度吗？她最喜欢做的事情是晚饭后洗碗，原因只是为了找到一点点手上油腻的感觉。第二个讲的是看到草地上的一根羽毛，写出了一个生动又引人思考的图画书，一个关于羽毛因为一句"你认为这根羽毛属于谁？"而开始的漫长的寻找之旅的故事。第三个讲的是他看到萧红的一篇短篇小说《旷野的呼喊》中有一段有关马的描写，引发他写了一部 26 万字的长篇小说《火印》的故事。第一个故事让我们理解每个人都是独特的，个人经验恰恰是文学创作所需要的经验；第二个故事让我们感受到文学带给世界的美妙；第三个故事让我们明白灵感是知识积累到一定程度之后的突然爆发。同时，第一个故事所隐喻的是财富的发现，第二个故事所隐喻的是虚构与文学的意义，第三个故事所隐喻的是有多少知识，就有多少思想；有多少思想，才有多少生活。如果我们再玩味、咀嚼，仍然会有新的联想和收获。

曹文轩是个写作高手，毋庸置疑。听完这次演讲后，我们由衷地感叹他更是一个表达高手。这段表达极具代表性，这就是"梯子"的高级玩法呀！

隐喻和寓言有三大好处。一是显得你充满了智慧，此时你的脑门都会比以往亮；二是把艰深的道理化于趣味之中；三是创造了一个场景，让人去联想与思考。

但我们认为，这种玩法在表达中最大的益处不仅于此，还有第四大好处，与前三个好处比起来，第四大好处才是表达高手愿意用隐喻和寓言的最重要的原因。第四个好处是：隐喻和寓言的结论往往需要人们自行去领悟。哪怕你给了结论，听众仍会觉得是由自己得出的。

你可能会问：有这么玄吗？这样好在哪里呢？

好就好在——听众认为结论是自己找到的！

我们来做个推演，假如有 100 个人，他们都刚刚买了两张彩票等待开奖，每张彩票的面值都是 2 元，不同的是第一张彩票的号码是机选的，第二张彩票的号码是他们本人经过谨慎考虑后自己选出的。现在，你要将他们的两张彩票都买下来，他们不得拒绝，但他们有权决定自己手中的两张彩票分别以多少钱卖出。

你能猜到他们的出价是怎样的吗？

A. 机选的彩票出价高；

B. 自选的彩票出价高；

C. 机选、自选出价一样高。

这是一个有趣的实验，本来两张彩票的面值是一样，出价时不应有什么区别，然而，实际情况是怎样的呢？绝大多数人自选彩票的出价远高于机选彩票的出价。

这不符合经济学原理，但非常符合人类情感需求。

原因很简单，自选的号码是自己想来出的，机选号码不是自己想出来的。因为，人们倾向于捍卫自己得出的结论。

现在你知道了吧，隐喻和寓言的第四大好处有多么大的威力，这种威力的来源就是人们捍卫自己得出的结论，哪怕这种结论是在你设定的一个场景下得出的。这种威力的发挥使表达的说服力极大提高，尤其是表达者处在非支配地位、较弱势的情况下，更显其作用。你一定对"螳螂捕蝉，黄雀在后""唇亡齿寒""一鸣惊人"等这类流传久远的寓言故事并不陌生，在古代，一些聪明的大臣劝谏帝王时经常采取的表达方式就是隐喻或寓言，委婉得体又充满力量，这些聪明的大臣们都深谙此道。

比喻、打比方、举例子是最生动的形象思维。

回忆一下上学时讲课吸引你的老师，往往都是那些旁征博引，海阔天空，幽默风趣，甚至东拉西扯的老师，他们极尽比喻、打比方、举例之能事，使讲解丰富多彩、妙趣横生，真叫一个"离题万里若等闲"，却又能"万变不离其宗"。把复杂变简单，把晦涩变通俗，把空洞变具体，把死板变灵活，把沉闷变活跃，演绎着最生动的形象思维。

如何能病毒式传诵

形象思维方法四：金句。

张固的《幽闲鼓吹》中有段记述，白居易，在16岁那年，还是无名小卒，进京应试，他去拜访当时著名的大诗人顾况，顾况见到他的名字，开玩笑说："长安白米贵 居住不易啊。"但是，当读到白居易诗稿"野火烧不尽，春风吹又生"一句时，连忙改口说："道得个语，居即易矣。"意思是说，哇塞！你能说出这样的诗句，在长安居住发展，没问题了。

"野火烧不尽，春风吹又生"就是一堆诗句中的金句。平常之词，过耳即忘，经典金句，广为流传，**金句是最易传诵的形象思维。**

金句顾名思义，具有金子的属性。

第一，闪闪发光，引人注目，它是表达中的闪光点；

第二，很有价值，往往是哲思后的凝练，繁复后的朗朗上口；

第三，它的传播性很强，炫耀性很强。

恩格斯说过："言简意赅的句子，一经了解，就能常常记住，变成口语。这是冗长的论述绝对做不到的。"

那么，我们怎么能创造出自己的金句呢？看似复杂的问题，我们经过拆解和寻找规律，可以化繁为简，我们把创造金句的过程变成一个公式。

金句＝凝练＋共情＋句式

凝练。即金句的内涵，表达传递思想观点。每个人的思想深度与境界不同而有所不同，不是短时间内能改变的，需要我们不断地积累，方能厚积薄发。类似"会当凌绝顶，一览众山小。"这种境界和思想内涵的金句值得我们用一生的时间去追求。所以，在看似散乱的经验中提炼出凝练之句，就是产生金句的基础了。这分为两个方面：一是"凝"，就是有发现的能力，能从平凡的生活中感悟、总结、剥离，拎出精华；二是"炼"，就是提纯的能力，金句本身是一个简短的句子，朗朗上口、过目不忘是其本质，必须精练，再精练。

共情。这里说的共情更多的是指听众有共鸣，听众对金句有三层心理状态，第一层是理解，第二层是认同，第三层是佩服。我们设计金句希望能达到第三层——让听众佩服，即"人人心中有，人人嘴上无"的层次，经得起回味。这需要灵感。例如，李敖在小屯十八岁生日时送上一束玫瑰，贺卡上写道：送你十八朵最美的玫瑰，十七朵在你手上，最美的那一朵就是你！

句式。即金句的语言结构形式，是金句的外在形式，是内涵和共情的载体，简短、顺口、易于记忆和传播是它的特点。它是有规律可循的，同时也是可以模仿的。所以，你要创造自己的金句，不妨先从句式开始。

☆ **否定、肯定句式**

例如：

万科地产的一个广告金句："**没有 CEO，只有邻居。**"

看过一个很有修为的金句："人生**不是**算来的，**而是**善来的；**不是**求来的，**而是**修来的。"

铁达时那句耳熟能详的广告语："不在乎天长地久，只在乎曾经拥有。"

网络励志金句："每天叫醒我们的不是闹钟，而是梦想。"

没有……只有……、不是……而是……等。是否定、肯定金句的典型句式。我套用这个句式："**不是**嘴上的金句，**而是**心里的话语。"

你也来试着创造一个否定、肯定句式的金句吧。

_____

_____

☆ 选择句式

例如：

中国达人秀冠军刘伟的金句："**要么**赶紧死，**要么**精彩地活着。"

甲壳虫广告金句："**要**炫富买劳斯莱斯，**要**致富买甲壳虫。"

小米手机广告金句："**一面**是科技，**一面**是艺术。"

腾讯微博的金句："**与其**在别处观望，**不如**在这里并肩。"

要么……要么……、不是……就是……、与其……不如……等。是选择金句的典型句式。

我套用这个句式："没有自尊的生活，**要么**把我们变得狼狈不堪，**要么**把我们变得嬉皮笑脸。""**与其**流泪，**不如**流汗，多流多少汗，就会少流多少泪。"

你也来试着创造一个选择句式的金句吧。

_____

_____

☆ 重叠句式

例如：

韩国电影《熔炉》金句："我们之所以战斗，不是为了**改变世界**，而是为了不让**世界改变**我们。"

罗振宇 2015 年跨年演讲的金句，"没有任何**道路**可以通向**真诚**，**真诚**

本身就是**道路**"。

科幻小说家刘慈欣的《三体》金句："给**岁月**以**文明**，而不是给**文明**以**岁月**。"法国哲学家、数学家、物理学家帕斯卡尔的名言："给**时光**以**生命**，而不是给**生命**以**时光**"。

句中相同或相近的词重叠反复是这种句式的特点。

我套用这个句式："**实现理想**需要坚持**梦想**，**实现理想**必须不再**梦想**。"

你也来试着创造一个重叠句式的金句吧。

———————————————————————

———————————————————————

☆ **对比句式**

例如：

电影《后会无期》里的金句："**小孩**才分**对错**，**大人**只看**利弊**。"

网络金句："爱情中，**男人**走**肾**，**女人**走**心**。"

很喜欢王尔德的这句："生活在**阴沟**里，依然有仰望**星空**的权利。"

台湾全联经济金句："长得漂亮是**本钱**，把钱花得漂亮是**本事**。"是否可以再精练一点？"长得漂亮是**本钱**，花钱漂亮是**本事**。"

前半句和后半句有词语，语意等的对比是这种句式的特点。

我套用这个句式："舍得打开**口袋**，用来丰富**脑袋**；不断运转**脑袋**，自然装满**口袋**。"

你也来试着创造一个对比句式的金句吧。

———————————————————————

———————————————————————

☆ **强调句式**

例如：

华为品牌金句："那些别人眼中的天真，**都是**我以梦为马的狂奔。"

天猫宣传金句："**如果**没有人护你周全，**那就**酷到没有软肋。"

台湾人力银行的金句："你**未必**出类拔萃，**但**一定与众不同。"

公益广告《节水篇》金句："**再**小的力量，**也是**一种坚持。"

前半句铺垫，后半句是重点，转折、递进、强调等是这个句式的特点。虽然……但是，什么什么都是什么什么，再……也……等是典型句式。

我套用这个句式："你**未必**有写出石破天惊金句的能力，但一定有写出打动听众金句的潜力。""那些让听众扎心的金句，**都是**表达者虐心的苦思。"

你也来试着创造一个强调句式的金句吧。

_____

_____

金句是一颗子弹，极具穿透的力量，直达人心；

金句是一口老酒，蕴含沉淀的力量，回味无穷；

金句是一种病毒，充满传播的力量，迅速扩散。

有的金句会让听众豁然开朗，有的金句会让听众呆若木鸡，有的金句会让听众陷入沉思，有的金句会让听众会心一笑，有的金句让听众泪流满面，有的金句让听众心生敬意，有的金句让听众振奋不已，有的金句让听众起而行动……

回顾一下：

● 知识的诅咒让我们意识到，形象思维需要花更多的精力；

● 形象思维有四个有效方法：讲故事，视觉呈现，比喻、打比方、举例子，金句。

用三招起而行之：接受礼物——促动改变

结束即开始

很久以前我曾看过一篇小说至今难忘。小说的主要内容是，一位女士在几天前的一场意外中不幸去世了，丈夫在整理妻子的遗物时，无意中发现一条丝巾，这是由高级丝制成的，是丈夫在出差时特意为她带回的。然而，她生前从未戴过，她一直在等，她说要等到一个特别的日子才戴，可如今，她已永远失去了机会……

我们当然不希望我们送给听众的"礼物"遭到同样的命运，因为，这是我们和听众最大的遗憾！

所以，我们应该抓住一切机会去促动听众改变，尤其是当众表达的结束之际，更要拿出最佳状态，最大勇气，最好表现让听众接受了你的观点，被你所影响，让听众和过去有所不同，或者思想上改变，或者行为上改变。

很多当众表达者非常在意当众表达的主体部分，而对结束语却不太重视。他们哪里知道，他们因此放弃了一个重要时刻和绝佳机会。

一问一答之间。

柳先生说："上次，我进行得很顺利，至少听众都安静地坐在自己的位置上。然而，就在即将结束之际，我看到听众开始收拾个人物品，随时准备起身离开，我刚说今天就讲到这里，听众立刻散去……"

我说："如果把一次当众表达比作是一场足球比赛，那么，它也分为上下半场。这是一次遗憾的当众表达，你踢了半场好球，却放弃了下半场。毫不夸张地讲，一个好的结束语能够撑起当众表达的下半场，你的问题是没有一个好的结束语。"

结束语在整个内容中处在最后的位置上，这是一个独立存在的位置，绝非可有可无。

早在 1962 年，加拿大学者默多克（B. B. Murdock）让被测试者按照一定顺序，学习一系列无关联的词。然后，他们按照记忆，记住哪个词就说出哪个词。结果发现，最先学习的词和最后学习的词，其回忆成绩最好，而中间部分的词回忆成绩最差。在此之前，著名的德国实验心理学家赫尔曼·艾宾浩斯（Hermann Ebbinghaus）在研究学习与记忆时，让人们学习一系列音节，同样发现最开始的部分和最末部分最容易学，中间的部分最难学。这种现象称为系列位置效应。

在当众表达时，也存在着系列位置效应，在当众表达结束后，听众更容易记住整个内容的开头和结尾，而中间部分最容易被遗忘。因此，我们强调，在中间部分的内容设计要花更多的精力，但是必须充分利用好开头和结尾的有利位置。

这就是好的结尾总能对听众产生极大影响的原因之一。这也是为什么富有经验的当众表达者总是对结束语精雕细琢的原因所在。

那么，如何设计好当众表达的结束语呢？

这是一位正在介绍项目的当众表达者，能看出来，他进行了充分的准备，表现得自信而流畅。听众也听得比较认真。忽然，他意识到时间已经过去大半，而内容还剩下很多。于是，他的语速开始加快，不等听众看清就翻到下一页，终于在规定时间内讲完了全部内容，他舒了一气。

表面看，这位当众表达者完成了全部内容。实际上，他草草地结束，注定了这是一次遗憾的当众表达。

如果时间是个硬条件，不容突破。他完全可以选择少讲一两点从容地进入结束语，或者选择改变后面内容的呈现方式，采用比较简单的方式，从而为进入结束语留出适当的时间。假如有 PPT，且还剩下很多页，应该采用直接跳到某一页的操作，而非在众目睽睽之下，飞速后翻。

可见，无论什么状况，我们处理的方式都应以不影响呈现结束语为原则。

"好的。今天就讲到这里。谢谢大家！"

"内容就这么多，谢谢大家的聆听。"

"这就是所有的内容，我讲完了。"

"剩下就没什么好讲的了，就到这里吧。"

"谢谢大家，今天就讲到这了。"

……

以上这些结束语，我们一定在很多当众表达的场合听到过。你的评价如何？我想无论如何评价不会太高。我的评价是：非常遗憾，这压根就不是结束语。

表面上看，这句话结束了整个当众表达，应该是结束语呀。我们想一想，如果把这句话去掉，对当众表达有负面影响吗？既然可以去掉，为何要说，还在这么一个重要的时刻说呢？实际上，这句话的存在反而有负面的影响，它让当众表达在结束时落入俗套，毫无力量可言，丧失了再次促动听众改变的机会。

一问一答之间。

小周问："如果我们不明确地说结束了、讲完了，那么听众如何知道结束了呢?"

我答："这就是结束语需要运用的表达技巧了，也是结束语的功能之一。当我们有了结束语的意识后，在内容设计上，就会对结束语的内容进行单独设计，这样的设计会让听众感知到即将结束。除此之外，我们可以用非语言的变化，来让听众感知到结束了。比如，声音发生了变化、语气发生了变化、语速发生了变化、动作发生了变化等，与上一段表达形成鲜明的对比，声音变大或变小了、语气加重或轻柔了、语速变快或变慢了、肢体释放或控制了等。如果非要明确告知听众到此结束，就让主持人去说吧。"

所以，并非在结束时说的话就都叫结束语，只有目的明确，达到预期效果的才叫结束语。

我们应该清醒地意识到：**结束即开始**——当众表达者的结束即是听众改变的开始。我们对结束语应有足够的仪式感。

选择结束语

当众表达的结束语有许多种，有回顾总结式、有名言激励式、有故事打动式、有深情祝福式、有感召升华式……所以，我们并不是要刻意创造一种新的结束方式，我们应该聚焦在选择一种合适结束方式。

对于选择哪种结束语，我们的观点非常明确：**用简短的一段话或简单的形式促动听众改变，就是选择的标准。**

结束语不能拖泥带水，长篇大论，必须简短、简单，戛然而止，方能产生足够的力量，触动到听众。

结束语一定不是割裂存在的，而是承接内容主体，顺应内容主题，借势而为，达到整个当众表达的高潮。它要完成两大任务：

● 令人难忘。

● 促动改变。

令人难忘的结束，一般体现在结束语的形式上；促动听众改变一般体现在结束语的内容上。

从效果上看，有三个层面：动心、动情、动容。唯有达到这三个层面才能令人难忘，才能促动改变。

动心

动心，一方面指当众表达者要动心思，巧思妙想，守正出奇，结束语首先要能让自己动心；另一方面指听众要动心。我们常说，心动不如行动，但我们也知道，动心是行动的开始。

1955 年 4 月 19 日，在亚非万隆会议上，出现一些针对中国的不和谐的声音，于是，周恩来在原有的发言稿上做了补充发言。周总理围绕核心观点"求同不立异"，反复强调与论证，逻辑严谨，事实清楚，令人信服。表达诚恳得体、语气温和、不卑不亢。最后周总理的结束语是：

16 万万亚非人民期待着我们的会议成功。全世界愿意和平的国家和人民期待着我们的会议能够为扩大和平区域和建立和平有所贡献。让我们亚非国家团结起来，为亚非会议的成功努力吧！

周总理采用了感召升华式的结束语。当时会议的形式并不乐观，有些国家代表被迷惑，对中国产生了误解。此时，周总理的发言澄清了事实，表明了态度，起到了让会议朝着正确的方向进行的作用。这段结束语，直指人心，因为，每个与会者都希望会议成功，有所贡献；这段结束语，极具感召力，语气为之一振，语调上扬，很短，却产生了十足的力量；这段结束语，让听众动心，影响了听众的行动，赢得了听众赞同的热烈掌声。

2005 年 6 月 12 日，史蒂夫·乔布斯受邀在斯坦福大学毕业典礼上说点什么。于是，乔布斯用三个亲身经历的故事，阐释了深刻的人生哲理。整个表达观点鲜明、语言朴实、娓娓道来、乐观风趣。最后乔布斯沿着上一段表达中提到的一个对其产生很大影响的杂志的话题，用下面这段话作为结束语。

我正是你们现在的年纪。在最后一期的封底上是清晨乡村公路的照片——如果你有冒险精神的话，你可以自己找到这条路的——在照片之下有这样一句话："求知若饥，虚心若愚。"这是他们停止发刊的告别语。

"求知若饥，虚心若愚"，我总是希望自己能够那样，在你们即将毕业、开始新的旅程的时候，我也希望你们能这样：

求知若饥，虚心若愚。

乔布斯采用的是名言激励式的结束语。"求知若饥，虚心若愚"是这段结束语的核心。首先，这段结束语，承接了整个当众表达的观点及叙事风格，用一个杂志引出这个名言，循循善诱，打动人心，极有画面感；其次，明确表达："我总是希望自己能够那样"，再提出："我也希望你们能这样"，先自己动心，再让听众动心；最后，在这么一小段结束语中，重复三次"求知若饥，虚心若愚"，一次比一次递进，令人难忘、深入内心。

动情

动情，一方面指当众表达者要动之以情，声情并茂，欲感动别人，先感动自己；另一方面指听众动了感情，或者情绪被带入、或者情操被升华、或者情怀被打开……

马拉拉·优素福·扎伊（Malālah Yūsafzay）生活在巴基斯坦西北部塔利班控制区，她采取各种方式反对塔利班禁止女性接受教育。由于不断地揭露塔利班的暴行，遭到塔利班枪手的袭击，曾身受重伤。

2013 年 7 月 12 日，她在联合国青年大会发表了《书和笔是最有力的武器》的演讲。她的表达饱含深情，用自己所见、所感及经历，强烈呼吁和平、呼吁获得受教育的权力。她的结束语是这样的：

亲爱的兄弟姐妹们，我们不可忘记数以百万计的人在贫困、不公与无知中遭受苦难。我们不可忘记数以百万计的失学儿童。我们不可忘记我们的姐妹兄弟等待着一个璀璨与和平的未来。

那么，让我们开展一场对抗文盲、贫困和恐怖主义的壮丽斗争，让我们捡起我们的课本和笔，它们才是威力最强的武器。一个孩子、一位教师、一本书和一支笔可以改变世界。教育是唯一的答案。教育为先。

马拉拉用感召升华的方式结束。首先，马拉拉用极具冲击力的三个"我们不可忘记"的排比句式，情绪激动，语意深沉，带动听众情绪走高。其次，紧扣主题，"课本和笔，它们才是威力最强的武器"，与题目遥相呼应，并且非常具象化。最后四句话，一句比一句简短，浓缩到"教育为先"，给听众内心留下深深烙印。最后，马拉拉高尚的情操"我的目标是服务于人类"，让听众看到一个不为自我而是为了他人而进行"壮丽斗争"的人。听众的情怀也因此被打开。

马拉拉于 2014 年获得了诺贝尔和平奖。

前不久，我所在的团队面临巨大的困难。于是，在一次团建活动的致辞中，我首先直面问题提出了我们的挑战，然后，回顾了团队过往渡过难关的故事，最后，真诚地呼吁大家建立信心同心协力战胜困难。结束语我采用了成龙的歌曲《壮志在我胸》。

拍拍身上的灰尘

振作疲惫的精神

……

当歌声想起，听众竟然随着歌声一起唱了起来，有人还激动地站了起来。

歌曲、诗歌、祝福等都是很好的动情方式。

如果你有某些拿得出手的特长，完全可以在结束的时候展示，听众难忘，余音绕梁，令你魅力大增。

动容

动容，一方面指当众表达者要通过面部表情传递出情感诉求，又能恰当地释放与控制情绪。另一方面指听众有明显的表现，或者正襟危坐，或者陷入沉思，或者释然于胸，甚至笑了、哭了、跳了……

1903 年的中国处于腐朽没落，风雨飘摇之际，不断签订丧权辱国的条约，令无数有识之士热血青年义愤填膺。当时，在日本留学的陈天华发出了警示之音，即《警示钟》。结束语的痛恨之情溢于言表，令人动容。

手执钢刀九十九，杀尽仇人方罢手！我所最亲爱的同胞，我所最亲爱的同胞，向前去，杀！向前去，杀！向前去，杀！杀！杀！杀我累世的国仇，杀我新来的大敌，杀我媚外的汉奸，杀！杀！

这种宣言式的结束语，直截了当，直抒胸臆，凡是有热血的中国人都会为之动容。这段结束语，让我们看到一个爱到极致又恨到极致之人，在风雨中呐喊；让我们看到一个怒目金刚，对着魑魅魍魉斩尽杀绝；让我们看到一群革命者奋不顾身冲入敌阵，舍生取义。

又有哪位听众能不为这黑暗里的最强音而动容呢？

一次，我给听众讲《卓越领导五项行为》，当逐一把五项行为讲过后，为了强调把行为付诸日常实践中，结束语是这样说的：

一对恋人傍晚时分在公园里幽会，男孩对女孩说："亲爱的，我们都认识这么长时间了，我能吻你吗？"女孩将身体扭向一边："不行。"过了一会儿，男孩鼓起勇气又对女孩说："亲爱的，我能吻你一下吗？"女孩害羞地低下头："不嘛——"又过了一会儿，男孩忍不住又对女孩说："我能吻你一下吗？"女孩"腾"地站起来，生气地说："你这人，怎么光说不做啊！"(听众哄堂大笑！) 我说了这么多方法，如果大家听过之后没有尝试去做，就等于什么都没听到。约翰·菲希特说过，行动，只有行动，才能决定价值。行动比语言更响亮。(听众露出会心的笑容，报以热烈掌声。)

令人难忘的结束、促动听众改变是结束语的两大任务。故事本身具有令人难忘的特点，所以，许多人愿意采用小故事作为结束语，这是不错的选择。这个小故事在促动听众改变上有着无可比拟的喜剧效果，让听众在笑声中被促动。让听众在笑逐颜开中领悟，这不正是我们苦苦追求的效果之一吗？

回顾一下：

● 表达结束就是听众改变的开始，必须充分利用结束语；

● 结束语有两大任务：令人难忘，促动改变；

● 结束语效果有三个层面：动心、动情、动容。

帮你把问答题变成填空题：设计内容模板

一问一答之间。

倩倩顽皮地说："我送你三太，你送我一法。如何？"

我不解地反问："什么是三太？什么是一法？"

倩倩答:"三太是,设计内容太棒了!太丰富了!太实用了……"

我也顽皮地说:"谢谢夸奖。接下来就要说,可是……了吧?"

倩倩咧咧嘴:"可是,知识点这么多,哪里记得住啊?你能不能告诉我一个方法,让我在应用时能了然于胸。"

我学着京剧的唱腔:"山人送你一锦囊,依计行事心莫慌。"

我为大家准备的锦囊就是《当众表达设计内容模板》,照此模板就可以设计并记录当众表达的内容了。它有五个部分,分别是具体目标、引起关注、表达主题、支点、结束语。刚开始你应该不折不扣地遵照这五个部分,向其中填写对应的内容,当熟练之后,你就可以灵活地使用了。如表3-4所示。

表3-4 设计内容模板

设计内容模板		
设计要素	要素要求	确定我的内容
具体目标	具体、简单、清晰	知道了/听懂了/理解了/相信了/愿意了/行动了等
引起关注	情境/有趣/利益/疑问	画面/放松/期待/好奇等
表达主题	向上提炼/向下深挖	五层次化繁为简/三个为什么及事实、情感、需求等
支点	支点支撑主题/概括成一句话/分类合理先后得当 1. 2. 3. ……	素材及呈现形式:故事/图片/视频/实物/比喻/隐喻/举例/金句等
结束语	动情/动心/动容	回顾总结式/名言激励式/故事打动式/深情祝福式/感召升华式等

☆ **具体目标**

每一次当众表达都要在事前想清楚要达到什么样的具体目标,才不至于走错了方向,即使你拥有最先进的导航系统,如果没有输入去哪里,你也不能得到正确的路线图。衡量我们事前所设定的目标是否为具体目标的标尺是,我们能否清晰地知道我们让听众听过之后发生多大程度上的改变。我们按实现结果的程度把具体目标的标尺划分为六个刻度,由近及远、由浅入深、由易到难：知道了、听懂了、理解了、相信了、愿意了、行动了。

提醒注意，具体目标要清晰且简单。具体目标和主题应该是一致的，有某些时候，主题即是具体目标。

☆ **引起关注**

你必须在一开始就引起听众的关注，你有四个"蝴蝶结"可选，"红色蝴蝶结——情境""黄色蝴蝶结——有趣""蓝色蝴蝶结——利益""绿色蝴蝶结——疑问"。

提醒注意，我们要创造一个漂亮的开头。当然，这个漂亮的开头与主题有紧密链接。

☆ **表达主题**

这是你表达的核心，是你的观点，它的基本原则是"从听众的角度出发"，它的基本要求是"主题呈现要与众不同"。处理主题你有两个方向可选，一是向上提炼，二是向下深挖。

提醒注意，新颖的主题可遇不可求，我们更多的时候是从普通的主题中翻出新意。

☆ **支点**

支点可以提炼总结成一句话；支点要分类清楚、先后得当；把抽象思维与形象思维有效结合。怎么说要比说什么花更大的精力，充分运用最难忘的、最直接的、最生动的、最传诵的形象思维。

提醒注意，支点不宜过多，支点是选择素材的重要依据，只有想清楚才能讲清楚，支点保证了我们当众表达不会变成闲聊。

☆ **结束语**

结束语要完成两大任务：令人难忘，促动改变。回顾总结式、名言激励式、故事打动式、深情祝福式、感召升华式……都是常用的结束语方式，我们要用恰当的结束语达到动心、动情、动容的效果。

提醒注意，选择哪种结束语的标准是看它能否用简短的语言或简单的方式促动听众改变。

　　这个模板给了我们一个理论框架，只要在这个框架内，我们就不会偏离；这个模板给了我们一个创作载体，指引我们科学设计内容。当我们开始使用这个模板时，我们就是一个创作者。创作者的思维、创作者的想象、创作者的追求将让我们创造出了不起的表达内容。

　　著名导演贾樟柯谈到创作时曾说："是不是经典不是当下要考虑的问题。对于创作者来说，实现自己当下的愿望和诉求是最主要的。"

第四章　激发听众

假如我们激励我们所接触的人，让他们知道自己潜藏着的能量，那么我们所做的不只是改变他们的意志，而是改变了他们的命运。

——戴尔·卡耐基

结果出人意料的试验

悠扬的琴声飘荡在美国华盛顿特区的朗方广场地铁站（Enfant Plaza）里，曲目都是由巴赫、舒伯特等作曲，表演难度极大的小提琴曲，琴声来自地铁站 L 口的一位表演者之手。这位表演者似乎与普通的街头艺人有所不同，他穿着考究、风度翩翩、全情投入，仿佛已经与手中的小提琴融为一体。

这是 2007 年 1 月 12 日，《华盛顿邮报》（*The Washington Post*）做的一个关于感知、品位和人的选择的社会试验。他们邀请这位表演者在地铁口表演了 45 分钟，以测试路过的人们的反应。

试验人员的统计结果：一共有接近 2000 人经过地铁站，有 21 个人向表演者面前的帽子里扔下了钱就匆匆走过，总共收到 32.17 美元，整个过程只有 6 个人停下脚步听了一会儿。

我们切换一个场景。

在波士顿剧院里，人们蜂拥而至，愿意花 200 美元或更贵的价钱，去购买一张音乐会门票，却是一票难求。一位音乐家站在舞台的中间，他穿着考究、风度翩翩、全情投入，仿佛已经与手中的小提琴融为一体。整个剧场座无虚席，近 2000 名听众全神贯注，陶醉于音乐带来的美好享受。表演结束时，全场听众起立，掌声经久不衰。

聪明的你应该猜到了，被《华盛顿邮报》邀请在地铁口参与试验的街头艺人和在波士顿剧院里演奏的艺术家是同一个人——约夏·大卫·贝尔（Joshua David Bell）。他是一位著名的小提琴家，曾获得格莱美奖，被《人物》杂志评为"全球 50 大俊美的人"。面对同一个人的两次表演，听众的反应形成了巨大的反差。

这究竟是怎么回事呢？

我们先来看看《华盛顿邮报》在试验结束后提出的三个问题：

● 在一个普通的环境下，在一个不适当的时间内，我们能感知美吗？

● 如果能够感知得到，我们会注意力集中地欣赏吗？

● 我们会在不经意的情况下认知才华横溢的人吗？

这三个问题引人深思，无论你给出怎样的答案，都能从另一角度给我们在当众表达方面遇到的一些困惑提供有价值的帮助。

它带给我们的最直接提示就是：要取得成功，听众的状态是一个绝对不能忽视的要素。听众的良好状态不会自然而然地产生，需要用各种积极的方式去激发听众，即使你像约夏·大卫·贝尔一样才华横溢。

事实上，在你当众表达时，面对的听众也大抵如此。所以，为达到当众表达效果，避免出现尴尬局面，即使你已经调整好了自己，并已经设计了精彩的内容，仍然要用各种积极的因素去激发听众，这是十分必要的。

显而易见，一个重要的积极因素就是环境。一个封闭的环境要比开放的环境好，人数刚好匹配座位数比过于宽松或过于拥挤的环境要好，不受干扰的环境要比受外界干扰的环境要好，温度在 18~22℃要比温度过高和过低好，还有光线、距离、颜色、音响等。然而，你我都很清楚，许多时候我们并不能参与确定环境。对于此，我们应该记住两条原则：

● 敢于提出对环境的明确要求；

● 如果环境不能达到明确的要求，接受它并把注意力转到激发听众上面来。

那么，当我们面对我们的听众时，我们又该如何激发听众呢？

如何让听众快速接受你

我们来做个假设，在上述《华盛顿邮报》的试验中，人们知道了在地铁站内演奏的人不是一个普通的街头艺人，而是世界上最优秀的小提琴家约夏·大卫·贝尔。我想这会极大激发人们的热情，会有大批约夏·大卫·贝尔的粉丝蜂拥而至，地铁口堵塞将是大概率事件。

可以想象得出，波士顿剧院的经理一定卖力地广而告之代表着世界一流水平的约夏·大卫·贝尔的到来。

听众愿意花 200 美元去听约夏·大卫·贝尔的演奏是因为，第一，他们有种期待，期待获得精神上的享受；第二，他们确信约夏·大卫·贝尔能够做到。

同样，听众要知道当众表达能给他们带来什么收获，以及谁在当众表达，他们将通过这些信息做出相应的判断。我们要充分运用它有效地激发听众。

电影《无间道》里，有一段经典对白。

"对不起，我是警察。"

"谁知道？"

你不说谁知道呢？你不是卧底，你要公开自己。

自画像

当众表达者要有自画像的意识，即通过公开或放大一些你自身与当众表达有关的信息，让听众"看"到你、"看"清你、"看"懂你，好的自画像能有效地达到让听众接受你的目的，甚至能够影响听众的主观看法。

我经常在培训中做一个实验。我将学员随机分成完全隔离的两组，在屏幕上给第一组同学们看一个陌生人的照片，对他们说："这是一位连环杀人犯。"再把相同的照片投射给第二组的同学们看，对他们说："这是一位非常有成就的科学家。"然后，请两组同学根据照片分析此人的性格特征。第一组同学大多说："此人目露凶光、杀气十足、面部表情尽显玩世不恭与冷酷无情……"第二组同学大多说："此人目光深邃、学富五车、紧闭的双唇透出探索与钻研的决心……"我提供给学员的信息，对学员产生巨大影响。他们枉顾照片的客观存在，完全依据我对照片的描述做出判断。

可见，自画像是非常重要的技巧。有经验的当众表达者都会精心设计、巧妙呈现，大多选择在当众表达开始阶段就进行自我描绘。从风格上看，有的倾向于严肃，有的倾向于轻松；从效果上看，一是确立了你在听众心中的权威，二是拉近了你与听众之间的距离，建立了亲近感。

如图4-1所示。你越严肃，听众与你的距离感越大，你给他们的感受就越权威；你越轻松，听众与你的距离感越小，你给他们的感受就越亲切。

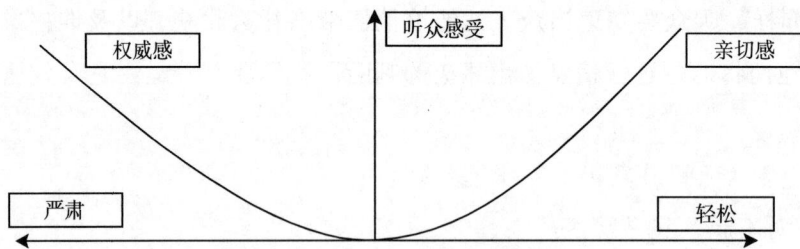

图4-1　你与听众的距离感

你把自己"画"成权威的或亲切的没有好坏优劣之分，如果你能做到有机的融合，就更难能可贵了，关键是听众是否感受得到。因为，自画像的目的是让听众接受你，有效地激发听众。

建立权威感

对于权威感的建立，从当众表达者的角度看，更为准确地说应该是建立威信。你在听众那里的威信从何而来呢？

许多教人当众表达的书籍会告诉你，你要通过仪容、行为、语调和说话方式等各个方面建立你的权威感。其实，这些说法涉及的范围较广，比较复杂，不太容易把握。不过，你大可不必为此烦恼，现在我就为你化繁为简。在众多建立权威的方法中，你只要做好最核心的一条——确立表达资格，就能快速建立起威信。

所谓确立表达资格是，你具有一些特别之处，让你更适合讲这个主题内容。一般有以下几种：

● 亲历者。如果你是某件事的亲身经历的人，参与其中，你当然比别人更有资格。

● 研究者。如果你在某个领域潜心研究，颇有建树，你当然比别人更有资格。

● 背景者。如果你具有某种独特的背景、职位、头衔、资质等，你当然比别人更有资格。

● 信息者。如果你掌握了某些独有的、有价值的信息，你当然比别人更有资格。

确立表达资格既可以是以上的一个方面，也可以是几个方面的综合。你一定见过很多对当众表达者的隆重介绍，有时还会有视觉上的宣传，这些都是为了确立表达资格，建立权威感。

我要提醒的是，确立表达资格是为你的当众表达服务的，不是对你本人的全面介绍，你要选择那些与当众表达相关的部分。同时，不要过度，尤其是当你进行自画像时，既可以自信，也可以自豪，但请避免自吹自擂。

建立亲切感

对于亲切感的建立，从当众表达者的角度看，更为准确地说是建立平等。不知你是否已经意识到了，相对于听众，当众表达者处在优势地位，被赋予了一种默认的权力——现场的掌控权。比如，你正在当众表达，有人递给你一张纸条，纸条上写着："您能讲讲……方面的问题吗？"或者写着："时间已经到了。"或者写着："你讲得真差。"注意到听众采用递纸条这种方式了吗？因为你有现场掌控权。听众想发言时会举手示意你，征得你的允许。即使是扔鞋子这种极端行为，实质上也是对当众表达者现场权力的一种抗议。

所以，你开始当众表达时，你与听众之间就有了距离，而且这种距离是带有高度的。听众是接受这种"不平等"的，但它对激发听众是不利的。我们要轻松地打破这种距离的隔膜，最有效又快速的方式是把自画像画成漫画，放低自己，甚至自嘲，让听众产生优越幻觉，让亲切感迅速建立。

比如，中国台湾作家林清玄在演讲时是这样素描自己的。

我站着演讲，这样你们就可以看到我英俊的样子！我刚才进来的时候，听到有两位同学在交谈，一位说："看！是林清玄，林清玄啊！"另一位接话道："林清玄怎么长成这个样子？"曾经有一个很漂亮的女孩塞给我一封信，我当时很兴奋，回到酒店打开一看，"亲爱的林老师，我觉得您像周星驰电影里的火云邪神。"……几天以前，我到岳阳，当地作协派一位女作家来接我，女作家一见我，大吃一惊"领导让我来接台湾的女作家，怎么是你？"他们以为林清玄是一个女的，我是一个男作家，不是女作家，现在验明正身。

你看，他用巧妙的自我描绘在当众表达的一开始就极大地激发了听众，并用轻松的方式很快地建立起一个亲切的氛围。

让听众接受你的名字

当然，他们的优势在于听众已经知道他们是谁了。如果在你当众表达前，听众已经知道你是谁，你应该为此感到庆幸。如果听众不知道你是谁，连你的名字都陌生，那么，你就需要加一个非常必要的环节，介绍自己的名字。

从心理学的角度来看，接受了一个人的名字意味着已经开始接受这个人了，因为名字是一个人重要的符号和标签，它属于你，却是为别人准备的。那么，我们怎么介绍自己的名字才容易被听众接受呢？

借用人们熟悉的人、事、物，联系自己的名字，有移花接木之效果。

比如，借用名人，"我叫马宁，马克思的马，列宁的宁。"借用两位思想家、革命家的名字介绍自己，很有气场。"我是姜艺歌，姜文的姜、张艺谋的艺、陈凯歌的歌。"借用三位著名导演的名字，非常睿智。东方卫视的真人秀节目《笑傲江湖》的冠军选手周云鹏是这样介绍自己的："我叫周云鹏，周星驰的周，刘青云的云，刘德华的……鹏。"极具喜剧效果。再如借用诗词，"大江东去，浪淘尽，千古风流人物。月落乌啼霜满天，江枫渔火对愁眠。我姓江，既是大江东去的江，也是江枫渔火对愁眠的江。我的名叫峰，既不是千古风流人物的风，也不是江枫渔火对愁眠的枫，而是山峰的峰，我是江峰……"

将名字里边的字，分别组成人们熟悉和有特色的词语。

比如，"我叫王鹏，胜者为王，鹏程万里。"

介绍自己名字的出处或内涵。

比如，"我的名字出自陆机《文赋》：颂优游以彬蔚，论精微而朗畅。彬蔚，意思是富有文采。在下徐彬蔚，所以，请允许我慢慢地展露文采。"

根据自己名字的独特特点介绍。

比如，"我叫宫和永，大家把我的名字倒过来读，就是雍和宫，我就是没去过雍和宫的宫和永"。

在大多数的当众表达中，自我介绍都是一个重要的环节。当然，还有很多种方法，没有什么定式。好在，一旦我们采用了一种介绍自己的方式，往往可以经常使用。

现在，请你把你的名字写在下面的空格内，接下来会苦思冥想一番，拿出富有创意的介绍你自己的文案吧。

_____

_____

_____

运用心理预估，打开暗箱

人们在面对陌生人时，通常的反应是自我保护，追求自我安全，或者保持戒备。你当众表达时，听众与你不仅有物理意义上的距离，更有心理上的距离，激发听众就是要让听众放松下来，公开你自己就是让听众熟悉你，拉近心理距离。然而，这还不够，你还需要在心理上与听众建立一个共识。

作为当众表达者，我们是否具有同理心，能体会到听众的内心，并激发出听众心中的善意。经验丰富的当众表达者都具备一种能力：通过同理心，预估听众疑问的能力。

大多数的听众看到一个陌生人来到台上，通常会产生疑问：他是谁？他要讲什么？对我有什么好处？……

但是，听众心里的疑问，确实就装在心里，他不会说出来，这是听众的"暗箱"。我们要做的就是，提前预估可能会有什么暗箱，避免听众在心里嘀咕、猜测，甚至不安的"暗箱操作"。在面对听众时，我们把暗箱打开，公开听众暗箱里的信息，光明正大地说出来，通过心理上的共识，能够让听众放下戒备。

林清玄预估到听众一定会注意并可能介意自己的长相，于是，他把听众的这个暗箱打开，毫不避讳，肆意放大，并且巧妙地用戏剧性的一封信，把这个"丑"变得有趣了。一些听众因为他的名字而误以为他是女性，于是，他把听众的这个暗箱打开，用亲身经历说出听众心中所想，效果极佳。

我们来到旅游景点，会按照指示图标游览与观赏；我们来到商场里，会按照楼层分布不同的商品，根据自己的需求，决定重点看哪里的商品；我们在安检入口，会根据隔离带围出的路径行进；我们登上火车开始我们的旅程，一般要提前了解大约要经过几站，经过多长时间能到达目的地……

人们在面对陌生的环境时，希望得到准确清晰的信息，习惯于在一个明确的指导框架下活动。所以，你简要地介绍要讲什么，一开始就为听众框定一个范围，是许多听众所喜欢的。比如：

"我们今天会围绕××主题，分三个方面展开：①为什么要××；②××的前世今生；③××能给我们未来带来什么。大约需要讲2小时。"

"今天主要跟大家聊聊5G，我将尽量用通俗的方式，让大家了解5G将怎样改变我们的世界及生活。我会讲30分钟，再留10分钟给大家提问。"

"我想你们一定对我如何获得的灵感，又是怎样打造爆品很感兴趣，接下来就为大家解开其中的秘密。"

公开你的信息，你是谁、你要讲什么、听众会有什么收获之类的信息都是听众所关注的，不要想当然地认为听众应该知道。可以确定的是，多数情况下，听众是处在不清不楚的状态下，用你独特的方式来唤醒他们吧。

你提前做一个心理上的预估，你预估到听众心里会有的暗箱，在现场打开听众心里的暗箱，把暗箱变成阳光房。

在听众看来，你说出了他们想说而不便说的话，听众的感受是：你好懂我。听众会因此认可你并开始喜欢你。同时，你创造了一个开放、公开的氛围，于是，听众放松下来安心听你后面的内容。

回顾一下：

● 地铁站的试验提示我们，要用各种积极的方式去激发听众；

● 运用自画像建立自己的权威感或亲切感；

● 让听众接受记住你的名字；

● 运用同理心预估，打开听众暗箱。

掌控节奏 吸引听众

节奏之美

请问：你经历过当众表达者自我陶醉式的表达吗？

想象一下，一位当众表达者站在讲台上，正滔滔不绝地讲着，他觉得自己的状态不错，准备充分、思路清晰、表达流利。他认为已经完全吸引了听众的注意力，听众处于全神贯注之中。

可是，当他把目光投向听众席，他极度失望地发现，听众有的在低头玩手机；有的在闭目养神；有的一脸茫然，明显"元神"出窍，神游到晚上的餐桌上或其他什么地方了；有的还在交头接耳，似乎在讨论着最近热播的电视剧女主的命运。

这就是自我陶醉式的当众表达者，面对着一群没有被激发的听众，当众表达者与听众压根没在一个节奏上。

这是一个比较常见的场景。我们通过大量的现场观察发现，有10%左右的当众表达效果很好，有10%左右的当众表达处于失控状态，有80%左右的当众表达处于听众与当众表达者各不相干的状态。

那么，这80%的当众表达者到底哪里出了问题呢？

节奏，节奏，还是节奏！当众表达是有节奏的。

举个最简单的例子，国家领导人当众表达的语速大多比较慢，体育解说员的语速通常都比较快。请你想象一下，如果把二者的语速对调一下会怎样？显然，节奏都不对了。

一般来说，人越多、越正式、越隆重的场合，语速需要越慢，人少、非正式、轻松的场合，语速需要稍快一点。

节奏不仅仅是语速这么简单。在当众表达的现场，当众表达者是一个听众思想的引领者，调整好自己、设计好内容是不容置疑的重要前提，而在现场呈现时，听众是否接受你的引领往往取决于当众表达者对节奏的掌控。

我们去跳舞时，即使有很多人共同起舞，依然可以做到动作整齐划一，进退有度，伴随着音乐翩翩起舞。因为音乐是有明确节拍、优美旋律的，人们随着节拍而动，随着旋律起舞，保证了节奏一致。如果我们能够理解听众的思考就像大脑在舞蹈，那么我们就知道保持听众大脑的活跃，并且趋于一致的活跃，是多么的重要。我们就像是乐队的指挥，保证整个乐队里不同的乐器演奏出和谐动听的乐章。

掌控节奏是一件多么美妙的事情啊！

激发点的节奏

对于当众表达，节奏意味着你表达推进的速度以及表达方式的变化、转换。

露西·乔·帕拉迪诺（Lucy Jo Palladino）博士对人们注意力方面进行了30多年的研究，她曾做过一个有趣的试验。

她在大学里征集志愿者，参加有关注意力集中的试验。大学生对此非常感兴趣，报名者如云。她从中筛选出 60 名志愿者，将他们随机分为五个小组。志愿者的任务是，一边听有容易导致人注意力分散的磁带，一边从一份厚厚的资料中检查出错字。

在测试之前，其中四个小组分别接受了不同内容的培训。如果出现注意力分散时，第一组被告知，默念："不，我不应该听。"或只说："不。"第二组被告知，用逐步提高声音的方式提醒自己。第三组被告知，正向引导自我说："我会做自己的工作。"或简短的命令自己："工作。"第四组被告知，随意地喃喃自语，以对抗干扰。而第五组没有接受任何培训。

测试开始，60 名志愿者逐一进入实验室。在播放有闲聊声、摇滚乐、小品、滑稽剧等声音磁带的同时，露西·乔·帕拉迪诺博士带着工作人员站在单面镜的后面，观察志愿者停止检查错字、东张西望、愣愣发呆等注意力分散的行为，并记录次数。

试验的结果是，前四组的志愿者在检查错字时注意力比较集中，只是偶尔分散注意力。而第五组的志愿者却经常出现注意力分散的行为。

可见，缺少了前四组那样的积极认知策略，人们极易被干扰，极易分散注意力。可以确定的是你的听众不会在参加当众表达前接受培训，不会像试验中的前四组那样获得积极的认知策略，不会主动地自我提醒。

你的听众都是第五组。

作为当众表达者，你应该做点什么让你的听众不要分散注意力、不要走神。有人立即想到了我们小时候课堂上，老师飞过来的粉笔头。可是，当众表达者没有权力，也不能扔粉笔头。

相声演员常说这么一段话："相声就是让您笑，当然，您要是不笑，我也不能下去咯吱您……"这是一句大实话，如果你的听众注意力分散了、走神了，你也不能总是走到听众身边叫醒他吧。

那该怎么办呢？

最正确的做法就是不要让你的听众走神——在他们可能走神之前。

多数情况下，你认为你很幸运，没有这么多的噪声干扰你的听众。可是，实际情况呢？你非常不幸，有非常多的你听不见的、看不见的"噪声"在干扰着你的听众。当今，最大的干扰就是智能手机，现代人平均多长时间看一次手机呢？

近日的一则新闻叫人唏嘘不已，在福建三明，一名女司机开车时，24分钟内看了30次手机，突然失控撞上隧道壁，当场身亡，现场十分惨烈……

我们没有找到帕拉迪诺博士的试验中，受干扰的志愿者多长时间会分神一次的数据，无法轻易判断干扰对分神频率的影响。不过，我们看到了另外一些有关智能手机对人们注意力影响的数据。风险投资公司 KPCB 一项调查显示，人们平均每天要查看手机的次数是 150 次，相当于每 6 分 30 秒就要看一次手机。2015 年，英国直线家庭财产保险公司与手机软件开发公司"拯救时间"联合开展的有 50 名志愿者参与的研究中，志愿者平均每天要查看手机的次数是 253 次。我粗略算了一下，除去休息时间，意味着平均每 4.03 分钟就要查看一次手机。

你现在明白了吧，与你争夺听众注意力的最强大对手就是智能手机。我们时常看到在一些当众表达的现场，已经意识到手机对听众影响的组织者或者当众表达者，会在当众表达开始前请求乃至要求听众不要看手机。但是，你不能在当众表达进行中，不断地请求或要求听众不要看手机，这样做既没效果又显得非常愚蠢。

你必须面对一个事实：正常情况下，人们的注意力持续时间大约就在 4~7 分钟。从时间的角度看，这就是你应该掌控的激发听众的节奏，至少每隔 4 分钟就要有一个激发点，吸引听众的注意力，即所谓的全程"无尿点"。

我们再来看看与当众表达中有关听众注意力的直接相关数据，为此我专门设计《影响上课注意力集中因素调查问卷》，通过乐调查随机调查了几十位听众，可以给我们一些启发，调查结果如下。

Q1. 您作为听众出现注意力不集中的情况

经常注意力不集中 ……………………………………………………… 17.24%

有时会注意力不集中 ……………………………………………………… 34.48%

偶尔会注意力不集中 ……………………………………………………… 44.83%

从来不会注意力不集中 …………………………………………………… 3.45%

Q2. 您在没有觉察下就注意力不集中了

经常会 …………………………………………………………………… 10.34%

有时会 …………………………………………………………………… 55.17%

极少会 …………………………………………………………………… 27.59%

从来不 …………………………………………………………………… 6.90%

Q3. 参加 1 次 50 分钟的课程您注意力不集中的时间

在 10 分钟之内 ………………………………………………………… 58.62%

10~20 分钟 ……………………………………………………………… 20.69%

20~30 分钟 ……………………………………………………………… 13.79%

30 分钟以上 ……………………………………………………………… 6.90%

Q4. 假如在大学里您最容易分散注意力的课程是

校公修课 ……………………………………………… 24.14%

校选修课 ……………………………………………… 41.38%

专业必修课 …………………………………………… 13.79%

专业选修课 …………………………………………… 24.14%

Q5. 上课的位置对您注意力的影响

有影响 ………………………………………………… 79.31%

无影响 ………………………………………………… 20.69%

Q6. 课程内容枯燥导致您注意力不集中

经常会 ………………………………………………… 65.52%

有时会 ………………………………………………… 34.48%

不会 …………………………………………………… 0.00%

Q7. 课程形式单一导致您注意力不集中

经常会 ………………………………………………… 41.38%

有时会 ………………………………………………… 48.28%

不会 …………………………………………………… 10.34%

Q8. 假如安排 1 个月后考试，您课堂上注意力情况对成绩的影响

影响极大 ……………………………………………… 37.93%

有点影响但比较小 …………………………………… 51.72%

没有什么影响 ………………………………………… 10.34%

这个调查结果让我们清晰地看到，上课从来不走神的只有 3.45%，其余 96% 的人多多少少都会注意力不集中，而且，会在不知不觉中就发生了。什么意思？就是自己都没觉察自己走神了。只有不到 8% 的人极少发生，有 60% 以上的人都会经常或时常发生。

看来，听众走神是个普遍现象。

绝大多数人上课走神时间占整个上课时间一半以内。对注意力集中有影响的座位位置、授课内容、授课形式三大因素中，上课形式单一导致的注意力不集中占比高达 89.66%。必须引起注意的是整个问卷唯一的一个 0

选项，来自"不会因课程内容枯燥导致您注意力不集中"，即无人能对抗内容枯燥的当众表达。

如果你选择只使用一种方法就能改变普遍存在的注意力不集中的状况，你会选择用哪种方法？

显然，答案是必须采用丰富多彩的上课形式。

所以，我们再说一遍——你的当众表达应该掌控节奏，至少每隔4~7分钟就要有一个"激发点"，吸引听众的注意力。而且，我们必须清楚地认识到：每个"激发点"的形式不能单一，应该丰富多彩。

此次调查中的另外一项同样给我们带来一些有益启示。哪类课程容易分散注意力？结果是校选修课及专业选修课最容易分散注意力，专业必修课注意力最集中。这说明目的明确、要求明确、标准明确会激发注意力集中。

所以，在当众表达中，你的听众是为什么来到你这里的，决定了你激发听众的难度有多大。

有趣的情况来啦，课堂注意力不集中对成绩的影响，结果居然是基本上没什么影响——62%的人影响一般或没影响，远超过了有极大影响。

难道不用上课吗？显然不是。

那是怎么回事？

这刚好验证了美国创新领导力中心（CCL）的一项研究成果，学习效果的"70-20-10"法则。任务——70%的学习来自实践的任务，他人——20%的学习内容来自与他人的合作与洞察，课堂——10%的适度学习来自正式课堂。简单说，就是自学，向他人学，课堂学。仅靠课堂学习是不能通过考试的，大量的复习才可能通过考试。课堂学习的作用在于让人们愿意课后去大量的复习并知道复习什么。所以，选择性的注意力集中对成绩的影响不大。

当众表达的难处在于，绝大多数情况下，我们无法对听众使用考试这个手段，听众也不会给自己安排大量复习的任务。还记得当众表达的目的是什么吗？建立信任，让听众发生改变。听众决定改变的那一刻，是在面对你的时候，这是你100%的机会，你没有另外70%+20%的机会。你要想尽一切办法激发你的听众，让你的听众注意力高度集中起来。

回顾一下：

● 当众表达必须掌握好节奏；

● 每隔4分钟左右应该转换一次表达方式。

有效提问　启发听众

如果听众开始思考，证明他们的注意力在这里。如果听众开始跟着你思考，恭喜你，证明你已经激发了听众。

我邀请你做一个关于听众思考的填空题：

当众表达时，你的＿＿＿＿＿在哪里，听众的思考就到哪里。

请在横线上填上一个合适的词。

答案在后面揭晓。

聚焦时刻

如图4-2所示。想象一下，你站在众人面前，向听众展示了下图。

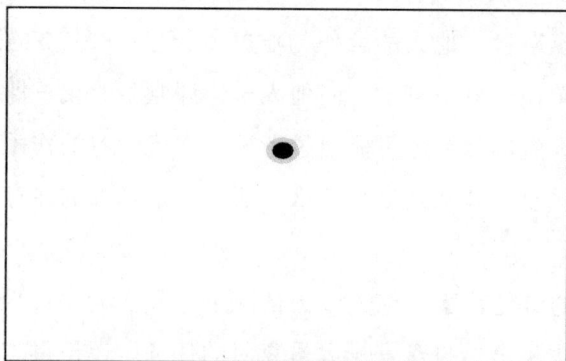

图4-2　聚焦时刻测试

你向大家问道："请看这张纸，你看到了什么？"

于是，听众的目光开始投向这张纸，他们会想什么？有的会想："这不就是个黑点吗？"有的会想："不应该只看到黑点吧，还有大片的空白啊。"有的会想："为什么问这么简单的问题？想给我们挖坑吧。"有的会想："啊哈，这个把戏我见过，接着就要……"有的会想："……"

无论听众怎么想，听众都在围绕你的提问在思考。

所以，填空题的答案是：

当众表达时，你的__提问__在哪里，听众的思考就到哪里。

"你们知道本季度我们的销售业绩下降了多少吗？"

问题一出，听众或者开始思考答案，或者等待答案，或者心中有了答案，或者直接给出答案。无论是哪一种，听众已经聚焦到这个问题上了，焦点产生，吸引了听众的注意力。

如果你平淡地说：

"我们本季度的销售业绩下降了30％。"

这句话很可能就变成了普通的一句话，在听众的耳边滑过，没能引起注意。

所以，你说：

"你们知道本季度我们的销售业绩下降了多少吗？"

停顿等待一会儿，这个停顿等待，我们称为"聚焦时刻"。然后，让听众知道问题的答案：

"下降了30％。"

这个答案可以是你说出的，你用了一个设问，也可以是听众说出的，你与听众形成了互动。

聚焦时刻让你的表达节奏发生了变化，一个恰当的提问就像一路走来，突然发现的一个风景。你在给听众提提神，避免了听众的无聊和分神，启发了听众的思考。

陶行知说："发明千千万，起点是一问。"

有一个很经典的关于如何用提问的方式去启发听众的例子。在提问的部分已经标注下划线,你在看这个例子时,请留意这个老师是怎么提问的。

上课铃响了,孩子们跑进教室,这节课老师要讲的是《灰姑娘》的故事。

老师先请一个孩子上台给同学讲一讲这个故事。孩子很快讲完了,老师对他表示了感谢,然后开始向全班提问。

老师:<u>你们喜欢故事里面的哪一个?不喜欢哪一个?为什么?</u>

学生:喜欢辛黛瑞拉(灰姑娘),还有王子,不喜欢她的后妈和后妈带来的姐姐。辛黛瑞拉善良、可爱、漂亮。后妈和姐姐对辛黛瑞拉不好。

老师:<u>如果在午夜 12 点的时候,辛黛瑞拉没有来得及跳上她的南瓜马车,你们想一想,可能会出现什么情况?</u>

学生:辛黛瑞拉会变成原来脏脏的样子,穿着破旧的衣服。哎呀,那就惨啦。

老师:所以,你们一定要做一个守时的人,不然就可能给自己带来麻烦。另外,你们看,你们每个人平时都打扮得漂漂亮亮的,千万不要突然邋里邋遢地出现在别人面前,不然你们的朋友要吓着了。女孩子们,你们更要注意,将来你们长大和男孩子约会,要是你不注意,被你的男友看到你很难看的样子,他们可能就吓昏了(老师做昏倒状,全班大笑)。

好,下一个问题:<u>如果你是辛黛瑞拉的后妈,你会不会阻止辛黛瑞拉去参加王子的舞会?你们一定要诚实哟!</u>

学生:(过了一会儿,有孩子举手回答)是的,如果我辛黛瑞拉的后妈,我也会阻止她去参加王子的舞会。

老师:为什么?

学生:因为,因为我爱自己的女儿,我希望自己的女儿当上王后。

老师:是的,所以,我们看到的后妈好像都是不好的人,她们只是对别人不够好,可是她们对自己的孩子却很好,你们明白了吗?她们不是坏人,只是她们还不能够像爱自己的孩子一样去爱其他的孩子。

孩子们,下一个问题:<u>辛黛瑞拉的后妈不让她去参加王子的舞会,甚至把门锁起来,她为什么能够去,而且成为舞会上最美丽的姑娘呢?</u>

学生:因为有仙女帮助她,给她漂亮的衣服,还把南瓜变成马车,把狗和老鼠变成仆人。

老师：对，你们说得很好！想一想，如果辛黛瑞拉没有得到仙女的帮助，她是不可能去参加舞会的，是不是？

学生：是的！

老师：如果狗、老鼠都不愿意帮助她，她可能在最后的时刻成功地跑回家吗？

学生：不会，那样她就可以成功地吓到王子了。（全班再次大笑）

老师：虽然辛黛瑞拉有仙女帮助她，但是，光有仙女的帮助还不够。所以，孩子们，无论走到哪里，我们都是需要朋友的。我们的朋友不一定是仙女，但是，我们需要他们，我也希望你们有很多很多的朋友。

下面，请你们想一想，如果辛黛瑞拉因为后妈不愿意她参加舞会就放弃了机会，她可能成为王子的新娘吗？

学生：不会！那样的话，她就不会到舞会上，不会被王子看到，认识和爱上她了。

老师：对极了！如果辛黛瑞拉不想参加舞会，就算她的后妈没有阻止，甚至支持她去，也是没有用的，是谁决定她要去参加王子的舞会？

学生：她自己。

老师：所以，孩子们，就算辛黛瑞拉没有妈妈爱她，她的后妈不爱她，这也不能够让她不爱自己。就是因为她爱自己，她才可能去寻找自己希望得到的东西。如果你们当中有人觉得没有人爱，或者像辛黛瑞拉一样有一个不爱她的后妈，你们要怎么样？

学生：要爱自己！

老师：对，没有一个人可以阻止你爱自己，如果你觉得别人不够爱你，你要加倍地爱自己；如果别人没有给你机会，你应该加倍地给自己机会；如果你们真的爱自己，就会为自己找到自己需要的东西。没有人能够阻止辛黛瑞拉参加王子的舞会，没有人可以阻止辛黛瑞拉当上王后，除了她自己。对不对？

学生：是的！！！

老师：最后一个问题，这个故事有什么不合理的地方？

学生：（过了好一会）午夜 12 点以后所有的东西都要变回原样，可是，辛黛瑞拉的水晶鞋没有变回去。

老师：天哪，你们太棒了！你们看，就是伟大的作家也有出错的时候，所以，出错不是什么可怕的事情。我担保，如果你们当中谁将来要当作家，一定比这个作家更棒！你们相信吗？

孩子们欢呼雀跃……

我们不得不说，这个老师太棒了！他充分运用了有效提问，启发了学生的思考，传递了人生的哲理。他激发了小听众，让他们收获满满，达到了教育目标。

假如你的孩子是这群学生之一，你一定会为孩子在这样的课堂里，有这样的老师而倍感欣慰。对吗？

如何让提问有效

有效提问有结果

你在激发听众时，可以从这个老师身上，学一些有效提问的技巧吗？

☆ **首先，有效提问是深入思考的结果**

我承认，灰姑娘的故事我给女儿不只讲过一遍，可是从来没有深入思考过，也就无从得来这位老师提出的那些极具启发性的问题了。如果你想让听众思考，那么你就要比听众思考得更深入。

☆ **其次，有效提问是提前设计的结果**

我们仅从第一个问题和最后一个问题就能看出这位老师的精心设计。第一个提问，问了一个简单的问题：你们喜欢故事里面的哪一个？不喜欢哪一个？为什么？这个问题很简单，听众容易回答。在开始提问时以简单容易回答的问题开始是明智的。最后一个提问比较难，同时也是最精彩的一个问题，循序渐进地提问也是明智的，让听众的思考逐渐深入。

设计问题不仅是提问的内容，还有提问的形式。

你可以向所有的听众发问，也可以向某一个听众提问。比如：

"你们喜欢故事里的哪一个？不喜欢哪一个？"

"大家有过网购退货的经历吗？"

这就是向所有的听众发问。

如果你说：

"小明，你喜欢故事里的哪一个？不喜欢哪一个？"

"小红，你有过网购退货的经历吗？"

这就是向某一个听众提问了。

或者说：

"这位女生，你们喜欢故事里的哪一个？不喜欢哪一个？"

"这位男生，你们有过网购退货的经历吗？"

这也是向某一个听众提问。

一般来说，听众还没有得到激发的时候，你向所有人发问要做好没人回答的准备。听众出于自我保护的原因经常不回应你的问题，哪怕你的问题很简单。如果遇到此种情况，你就直接把答案说出来，若答案是听众心中所想，你就说到他们心里去了，同样能激发听众。还有一种情况，就是你有意引起听众的惊讶，故意给出了一个不合常理的答案，同样能激发听众好奇。当然，你要在后面的表达中适时给出合理的解释。

如果你担心问大家得不到回应，你很想得到听众的回答，那么，指定某人来回答是较好的选择。

在纽约皇后区曾发生过一起凶杀案，半个小时内，凶手三次袭击一位女性，致其死亡。这是 1964 年的事情，之所以现在仍被人们提起，是因为在凶杀案发生时有 38 名被害者的邻居目睹了凶杀过程，却没采取任何积极的行动。它引发了当时人们的大讨论与反思，为何人们竟然对发生在身边的残忍凶杀无动于衷？美国心理学家约翰·巴利和比博·拉塔内，通过模拟实验得出了著名的社会心理学概念：责任分散心理效应（Diffusion of Responsibility）也称为旁观者效应，是指对某一件事来说，如果是单个个体被要求单独完成任务，责任感就会很强，会做出积极的反应。但如果要求一个群体共同完成任务，群体中的每个个体的责任感就会很弱，面对困难或遇到责任往往会退缩。

所以，当你向所有听众提问时，没有听众"挺身而出"，你得不到回应是正常的，除非你已经很好地激发了听众热情了。而当你向某一个人提问时，得到回答的概率就非常大了。实践中，你向某一个听众提问，通常都是能得到些回应的，你要做好与之互动的准备。这种方式最大的不确定在于，由于每个听众的个体差异，即使是同一个问题，他们给出的回应，无论是回答的角度还是表达的方式都会有很大不同。所以，你在互动时，应该灵活掌控。

在设计问题之初，你就要根据想要达到的效果，选择提问的方式，并充分预估听众可能的反应及回应。

☆ **最后，有效提问是按步骤操作的结果**

一个完整的提问应该包含五个步骤：提问、等待、倾听、确认、回应。简称，问等倾认回。我们可以谐音记成：<u>为等情人回。</u>

提问。无论是封闭式的提问、开放式的提问，还是向大家提问、向某个人提问，一定要简洁清晰，让听众明白你要问什么。

除非是为了强化语意和语气的连续反问，或是表达情绪的质问，否则一次只问一个问题。

等待。一休小师傅的口头禅是："休息、休息、休息一会儿。"每次碰到问题，他总是盘腿打坐，手指在口中沾一下，再放在光光的头顶上画圈，闭目思考。再聪明的人思考也需要时间。

你如果想要得到听众对提问的回应，第一，你要让听众意识到你的期待；第二，你要相信你的听众；第三，你要给听众思考的时间。

提问之后，等一会儿，停顿一下是必不可少的。还记得前面提到的"聚焦时刻"吗？在你停顿一下时，听众开始思考。否则，你就剥夺了听众的思考，你会让犹豫不决的听众丧失了表现的勇气，正要回应的听众感到失望。而你在节奏上也显得如此的"猴急"，怎么看，让听众觉得你"猴急"都不是好事情。

倾听。棒极了，听众为你思考了，更加难能可贵的是，听众给你回应了。此时此刻，你最正确的姿势是，用全神贯注的表情，欣赏、鼓励的小眼神看着给你回应的听众，点头、微笑认真倾听。

倾听除了能让你听清并理解听众的回应，额外的好处是，听众会感到被重视，在心里给你加分。你知道吗？任何时候让听众觉得被重视都会激发到听众。

确认。一个简单的确认方式就是，重复听众的回答内容。如果听众说的太长，你可以重复听众回答内容中的关键词。

你也可以用"翻译"的方式来确认，比如，你可以说：

"谢谢你的回应，我的理解是……对吗？"

"很有道理，你的意思是……是吗？"

许多人忽略了确认这个步骤，在听众回答完毕后就直接跳到回应了，如果是封闭式的问题，还可以勉强接受。如果你问了一个开放式的问题，确认就必不可少了。第一，显示你确实认真对待听众的回应，你重视他们；第二，你通过确认，确保你与听众在一个节奏上，并确保没有产生歧义；第三，通过你的重复或"翻译"，起到引导听众的作用，让你的表达在你希望的轨道上。

回应。请谨记：无论听众的回答是怎样的，你都要先表示感谢并给予肯定。

你可以说：

"谢谢你，你回答的非常好……"

"谢谢，你说的完全正确……"

"谢谢您，我非常赞同你的看法……"

假如听众的回答不是你预期的该怎么回应呢？你不必慌张，更没必要与听众争论是非对错，你可以轻巧地说：

"谢谢你，你的看法真的很独特，我们很受启发，让我们换个角度来看这个问题……"

"谢谢你，非常好，大家发现了吗？这个问题确实能发散我们的思维，但就问题的本身来说……"

当然，如果你仍然执着地想在听众那里得到预期答案，你也可以继续问下去：

"你的回答很精彩，谢谢你，我重复一遍我的问题……"

"谢谢你给了我们一个新的看法。这个问题的关键是……，你对这个关键之处的看法是什么呢？"

如果你意犹未尽，可以继续问：

"谢谢，你的看法很特别。针对这个问题，其他人还有不同的看法吗？"

以上就是提问五步骤，也是一个标准的提问流程：提问、等待、倾听、确认、回应（为等情人回）。你可以通过提问五步骤有效地掌控节奏、启发听众，从而与听众形成积极的互动模式。

支点转换用提问

假如你的目的不在于形成互动与交流，就不必拘泥于提问五步骤的标准流程了。比如，许多激发听众较好的当众表达，经常在支点转换时发出提问，这符合听众的习惯，是一个不错的选择。

当一个支点表述完毕，开始进入下一个支点，你说：

"为什么出现这样的情况呢？"

"人们的想法是怎样的呢？"

"你们知道下面的内容有多重要吗？"

"你们想知道真相吗？"

"那究竟是怎么回事呢？"

"是什么带来的呢？"

"如果是你，你会怎么做呢？"

……

这种提问，你没有指望他们回答，却能很好地吸引听众的注意力。

你的目的是起到承上启下，变换节奏，转换表达方式，启动听众思考的作用。

敏感提问先征询

在涉及一些特殊的提问时，比如，宗教信仰、个人隐私、政治敏感类的提问，我们要采取谨慎的态度。如果你一定要提出这样的问题，那么在提出正式问题前，最好放低姿态加一句征询：

"我可以问一个有关……的问题吗？"

"我可以问您一个比较私人点的问题吗？"

"我问一个……的问题，可以吗？"

"你/你们介意我问一个……方面的问题吗？"

在得到允许后再进行提问。通常，很少有听众会直接回绝，他们多数情况下会默许、点头表示同意，或者会直接表达同意。如果听众不同意呢？你应该为此感到庆幸，因为你险些踩到"雷区"，你有礼的征询就像探测器，测出了听众的底线，让你的表达避免了一场灾难。

假如出于某种原因，你必须问这类敏感的问题，而对你不利的是当你征询同意：

"我可以问您一个有关……的问题吗？"

你得到的回答是："不行。"你该怎么办呢？你应该立即抽离，不再理会回答你"不行"的人，你可以转而问大家或别人：

"没关系。关于这个方面的问题有谁不介意谈谈吗？"

或者转向一位看起来有积极姿态的听众：

"你可以说说您的看法吗？"

如果有人配合，当众表达就朝着你预期的方向进行了。不过，我要提醒你，你仍旧可能处在孤立无援的境地。此刻，你要有勇气突出重围，给自己台阶下：

"是的，你们看到了，事实再次证明，没有人愿意当众谈论这个问题，这就是我要问你们的目的。"

"这确实是个很难回答的问题，假如可以抛开这个问题，我们是不是就可以讨论某某问题了，所以，我们先来看看某某问题……"

虽然我很担心，并且不鼓励，但是，如果你执拗地坚持继续讨论这个问题，你可以使用下面这个方法，你要先化解一下僵局：

"我有个朋友，他是个……的人。在……情况下，有人问了他同样的问题，他是这样回答的……"

你就迂回到你的提问上来了。

回应提问有方法

到这里，我们探讨关于提问的话题，都是当众表达者提问，听众回答的。你一定体会到了，提问是一个互动交流的过程，语言上的互动，思想上的交流。关于提问还有另外一面，假如遇到听众提问由当众表达者回答的情况，我们该怎样处理呢？

讲台上站着一位文质彬彬的先生，穿着一套深色西装，轻巧地系了一个扣子，修身合体，黑色的皮鞋明显细致擦拭过，反射着天棚上的灯光。听众的目光集中在他身上，听得比较认真。他扶了扶眼镜，用略微上扬的语调讲完最后一段内容，一切进行得都很顺利。就在人们觉得此次当众表达即将结束之际，他问道："你们还有什么问题吗？"听众重新将目光聚集到他身上，可是，无人回应。他等了一会儿，又说："如果有什么不明白或疑惑的地方，可以提出来。"接下来是尴尬的冷场。又等了会儿，他迟疑地说："如果没什么问题，那今天就到这吧。"他不得不草草收场，离开讲台……

这位先生原本想通过听众的提问激发听众的投入，进一步探讨表达内容，在互动中圆满结束，结果却不尽如人意。

许多当众表达安排听众提问环节，这个设计本身没有任何问题。不仅可以解除听众的困惑，让听众收获更大，而且，当众表达者在与听众热情互动中获得成就感，极大地提升个人魅力。

如果你也有此打算或组织者有此要求，你必须努力创造两个前提条件，否则，有可能会沦落到这位先生的尴尬境地。

● 要确保在表达的过程中已经创造了一个宽松的、开放的发言氛围，甚至与听众达成了共识：提问是被鼓励的。

● 要确保听众对你或对你的内容感兴趣，即听众想满足对你的好奇或想得到更大的收获。

即便如此，你仍然要提前做些准备，以应对冷场的出现。

"大家还有什么问题吗？"

"如果大家有问题，现在可以提啦。"

……

听众摆出一副事不关己的样子。此时，你不必急着开口说话，你只需用鼓励的微笑耐心地等待。等待时，你观察听众，也许你会发现有人跃跃欲试，你可以采取积极的方式激发他，朝他点头，用期待的眼神示意他。当你扫视听众时，有的听众立刻避开你的目光，有的听众则会迎接你的目光，你马上运用"聚焦时刻"，对着一位大胆迎接你目光的听众说：

"刚才我们讲到……对此您有什么看法呢？"

"如果我们对……方面深入探讨，你还想知道什么呢？"

"您觉得……这几个方面，哪个方面还想了解得更多一些呢？"

"如果给您机会代表大家提问，你会问些什么呢？"

于是，互动就开始了。你也可以直接提示听众：

"刚才我们讲到……时，有人好像有些疑问，现在我们是否可以来深入探讨一下呢？"

然后，你开始观察听众的反应，如果你看到有的听众微微点头，你就可以尝试与他们互动了。

一问一答之间。

老金转着笔说："我问听众之后，他会不会说，没有什么看法呢？"

我说："你留意到了吗？我们说的是，刚才我们讲到……对此您有什么看法呢？如果我们对……方面深入探讨，你还想知道什么呢？我们用了呢字，而没有说，对此您有什么看法吗？在这个情境下，你应该避免使用吗字的说法，而要用呢的说法。为什么呢？因为您有什么看法吗？虽然有什么两个字，可是最后的吗字，让人们听到的是封闭式的问题，听众就很容易回答，有或没有。而此时，听众往往本能的脱口而出，没有。再来看，您有什么看法呢？这是一个开放式的问题，让人不容易说出，没有。所以，听众总得说点什么。"

老金歪着头说："啊，你这么一说我才明白为什么同样的问题，有的人问出来总能得到听众的回应，有的人问出来就撞墙了，奥妙就在呢、吗之间啊。我较个真儿，假如我用了呢字，依然没有得到听众的回答该怎么办呢？"

我笑道："假若你真的中了奖，听众就是没有回应，你也不必尴尬。你若无其事地说，如果你们没有问题，我来问你们几个问题，第一个问题是……或者说，之前的听众经常会问这样一些问题……由此，形成了互动交流。"

老金放下笔说："我还有一个困惑，如果有听众向我提出个难题，我该怎么处理呢？"

我赞赏地看着老金说："你问了一个很好的问题，是个有代表性的问题。其实，听众问了一个难题，你应该高兴才对，你有机会展示博学多才或机智风趣的一面了。假如你智慧地回答了这个难题，听众会为你喝彩，也许这一段会成为整场表达的亮点，甚至传为佳话。所以，最佳处理方式是拿出你的勇气积极地面对这个挑战。"

老金用力地点头。

我接着说："但是，我想你的问题里还有另一层意思，是听众向提问时，你不能或不愿直接给出答案，对吗？"

"对、对……，就是这个意思，如果能直接回答，就不存在这个疑问啦。"老金急促地回应。

我说："一般情况下，你坦诚地告诉听众，你问了一个很好的问题，也是个很难回答的问题，我现在没法回答这个问题。或者告诉听众，这个问题比较复杂，我们一会儿单独交流一下。听众是可以接受的。当然，你也可以用以下十八种方式来处理……"

老金叫道："什么？有十八种方式！"

我开心地说："开玩笑啦！你可以用三种方式：一是反问，二是转化，三是明确。先说说反问。比如，有听众问你，听说演讲是可以赚钱的，我的演讲水平讲一场能赚多少钱呢？你不想直接回答，你可以用反问的方式处理，你认为多少你能接受呢？或者说，你认为一场对人们很有帮助的演讲价值多少？或者说，如果您可以说了算，您会愿意付多少钱呢？反问要注意语气，否则容易变成质问。也可以用转化的方式处理。比如，待会儿结束的时候，你可以问问这次活动的组织者。或者说，我的助理就在那里，你可以问问他。或者说，有谁愿意猜猜吗？或者说，有谁在这方面比较在行，知道现在是什么个行情呢？你让其他人帮你解决这个问题，这样你就转化了问题。还可以选择用明确的方式处理。比如，你的意思是说，你有意用演讲来谋生是吗？或者说，你是要用金钱的方式来判定一下自己的演讲水平对吗？或者说，是有人邀请你演讲，让你出个价，是吗？或者说，看来你是非常想知道自己的演讲水平是吗？明确出提问的听众究竟想问的是什么，以确保你们在说一件事。既能给自己争取思考的时间，又能引导听众、简化问题。"

老金重复道："这些方法听起来还不错，第一是反问；第二是转化；第三是明确。"

我说："坦率地承认自己回答不了，并不如我们想象的可怕，很多时候你当众示弱还会拉近与听众的距离，获得听众的喜爱。甚至装装糊涂也未尝不可，你还记得电视剧《神探狄仁杰》中，狄仁杰那句经典台词吗？'元芳，你怎么看？'"

老金大笑："哈哈……，狄仁杰是处理问题的高手啊！"

我说："是的。激发了元芳的投入；得到元芳的参考答案；为自己赢得思考时间；在元芳的基础上再延展，让自己看起来更高明。一举四得，神探也是有套路的。"

老金想了一下说："那么，这三种方式在实践应用上，您怎么看呢？"

我忍不住笑起来："哈哈……，这套路你还真是即学即用啊。你是想了解这三种方式在实际应用时选择哪种更好，是吗？"

老金答道："是的。我注意到您刚刚用了明确这种方式。"

我竖起大拇指说："完全正确，给你点个赞。其实，这三种方式不能说有优劣之分。这就像听众抛给你一个球，还给听众？传出去？还是弄明白是个什么球？你要根据当时的情形，自己判断喽。第一种情况，你把球还给听众时，会引起听众的思考，听众自己想明白了或者暂时放弃了这个问题。当然，听众也可能会再次追问，但这时这个问题会更清晰、更聚焦了。第二种情况，当你把球传出去时，好处是有人替你回答了你不方便、不愿意回答的问题或直接把公开的问题化解成了私下的问题了。风险是交出了对这个问题的掌控或者没人替你出头回答，因此，你的转化要精准。第三种情况，当你和听众弄明白是什么球时，也许难题就不是难题了。但是，有些问题明确了，听众依然不解，你就要直接面对了。"

回顾一下：

● 提问停顿会产生我们希望的聚焦时刻；

● 要想提问有效必须深入思考、提前设计、遵循"为等情人回"五步骤；

● 支点转换用提问承上启下过渡顺畅；

● 遇到敏感的问题放低姿态先征询避免踩雷；

● 回应问题有三种方法：反问、转化与明确。

美国天文学家、科普作家卡尔·萨根具有把深远变得浅近的能力，被推崇为"大众科学家"，影响了数以亿计的人，他对无人航天器进入太空做出了重要贡献，其作品体现出透彻的哲理性、厚重的历史感和异乎寻常的洞察力。他说过这样一段话："判断我们是否进步，要看我们是否有提问的勇气以及解答问题的深度。"

无声语言　感染听众

仅仅在听完一番话之后，人们即被影响并决定改变，这就是挑战所在，但毕竟我们的目的是"通过建立信任，让听众发生改变"，这也是当众表达者的使命所在。所以，应当去面对这个挑战。

严格地说，我们无法直接改变别人，我们只能影响别人，激发别人，促进改变的发生。我们都很清楚，让人们改变是非常困难的事情，人们喜欢按照既往的经验和习惯采取行动，除非人们自己要改变，否则无法做出改变。

我们应该用什么方法影响并激发听众发生改变的呢？

什么能促使听众改变

站在听众的角度来看，听众发生改变取决于四个方面：态度认同；情感触动；知识理解；行动明确。

我们先来看个案例。

20世纪90年代初，国际慈善机构"儿童救助会"受越南政府之邀，委派杰里·斯特宁前往越南帮助解决儿童营养不良的问题。

在斯特宁之前，有许多人做过分析，"卫生状况差，生活贫困，缺乏清洁饮用水，村民不重视补充营养……"在斯特宁看来，这些分析固然正确，但毫无用处，全是正确的废话。斯特宁不仅停留在分析上，而且深入农村对现有孩子的营养状况进行调研。通过调研发现，有的家庭尽管很穷，但孩子长得更高，更壮，更健康。

斯特宁从这些家庭里发现了一些与其他家庭不一样的做法。①在稻田里、小河里捉小鱼小蟹；②饭里加一些小鱼小蟹和甘薯叶；③每天喂4次饭；④父母亲自喂饭。

斯特宁开始不断地宣讲、传播这个发现。接下来，他将愿意参与的母亲们组织起来，10户为一组，每个人都要带上鱼、蟹、甘薯叶，每天一起做饭。

这些母亲们开始接纳新的方式，开始改变以往的做饭、喂饭习惯。

在斯特宁到达越南6个月后，在没有一分钱投入，没有人员帮助，没有政府支持的情况下，让当地65%以上儿童的营养状况得到了改善，让越南265个村庄，220万人受益。至今，斯特宁方案，仍然是所有慈善组织的效仿榜样。

这是一个奇迹！

在表示我们的尊敬，并感叹杰里·斯特宁务实的作风之后，我们来看看，斯特宁是怎样让越南的父母改变以往的习惯做法的。

斯特宁告诉父母们，他解决问题的办法是怎么来的，为什么可以解决孩子营养不良、矮小赢弱的问题。由于方法来自身边的人，父母们愿意相信。斯特宁取得了父母们的**态度认同**。

斯特宁将健康、强壮孩子与营养不良的孩子进行对比，父母们对自己孩子的爱，希望孩子更好的**情感被触动**。

斯特宁非常清醒地意识到他面对的对象的知识水平，在发现的众多经验中，选择简单易行的，并整理成清晰的四个步骤，一说就懂。父母们能**够理解这样的知识**。

斯特宁将母亲们组织起来，10 人一组，每天一起做饭。让母亲们知道怎么做，**行动明确**，并且互相促进，容易坚持下来。

改变就此发生！

态度认同。我女儿小的时候，要她认真刷牙，应该刷够 3 分钟，可是，她总是不以为然，刷一刷糊弄了事。她妈妈跟她说过好多次，并没什么效果。

有一天，放学回来她主动跟妈妈说，以后每次刷牙要刷够 3 分钟。

嗯？发生了什么事？她怎么会主动改变了？

原来，女儿在学校上科学课的时候，老师讲到口腔卫生，讲的同时还播放了牙齿放大 1000 倍的照片，显示了潜伏在牙齿上的细菌。

看过以后，女儿认同了为什么要刷牙刷够 3 分钟。

强迫自己去做一件不认同的事是很困难的，甚至是痛苦的，改变更是如此。你提出你的观念、方案想让听众认同，也必须说清楚为什么，就像在酒局中善于劝酒的人一样，总会找出各种各样的理由让你把酒喝了，你一旦认同了理由就不好拒绝了。

《十万个为什么》是一套科普读物，先后出版了 6 个版本，累计发行量已经超过 1 亿册。可见，人们是多么渴望知道"为什么"啊。当你要求人们做之前没做过的事情时，经常得到的回馈是："为什么要这么做呀？"

要让听众态度认同，就要多在"为什么"上下功夫。

有的广告词就是那么让人印象深刻，容易认同，还记得这段广告词吗？"这人啊，一上年纪就缺钙，过去一天三遍地吃，麻烦！现在好了，有了新盖中盖高钙片，一片顶过去五片，高钙片，水果味，一口气上五楼，不费劲儿！一天一片，效果不错，还实惠！"

这段广告词看似普通，却把"为什么"说得非常清楚、生动、具体，堪称取得听众态度认同的经典！

情感触动。我的朋友李老师是职业培训师，这个职业有一个明显的特点，就是要经常出差，全国各地地跑。近几年，他们还发展了一些国外的客户，时不时地还要出趟国，一年有一多半的时间是不在家的。后来，有了女儿，他的妻子经常抱怨他不照顾家，不爱女儿，开始与他争吵。他觉得自己很委屈，他很爱妻子和女儿，又非常辛苦赚钱养家，妻子还不理解他，夫妻关系变得很紧张。

如果你想让李老师发生改变，能够适当地放下一些工作，保持事业与家庭的平衡，你会怎么跟他说呢？

"你应该考虑到你妻子的感受，她一个人带孩子很辛苦，你应该替她分担一些家务，你是不是考虑少接一些工作呢？"

"你这么辛苦赚钱，无非是希望生活幸福，当初你们那么相爱，可是，你看现在你们经常吵架，为了这个家，你真应该多为这个家付出一些。"

……

听了以上的劝说，李老师改变了吗？实际上，变化不大。然而，最近一次我看到他，他说，他已经开始用更多的时间来陪伴家人了。

原来，在一次培训会上，李老师提到自己的困境，一位同学跟他说了以下这段话："假如将来你女儿长大了，嫁一个像你这样的丈夫，你觉得她会幸福吗？你希望她过这样的生活吗？"

李老师说，当时仿佛有什么东西突然直接进入他的内心，心里最柔软的地方被触动到了。

李老师的改变来自情感触动，情感触动要针对听众的内心，产生情感上强烈的共鸣。触动应留有空间，让听众被触动的情感在内心萦绕迂回。

2003 年，非典爆发，北京新东方教育科技有限公司陷入了极大困境之中，不能招收新学员，老学员要求退费……何去何从，所有人都很迷茫。在这样的情况下，俞敏洪对公司全体员工说了这样一段话：

"每次听到凯丽金的萨克斯曲《回家》，我都会泪流满面。在北大住在 8 平方米的地下室里，我听着《回家》，想要有一个地面上的，能见到阳光的家。离开北大，与人合租一个公寓，天天看着一个泼妇的脸，我听着《回家》，想要有自己一个独立的家。人生一路走来，新东方成了我的家，成了我们大家的家，一个有着温情、亲情和友谊的家。

也许，我们的家会身无分文，但只要兄弟姐妹都在，我们就能重建美好家园。"

这段话坦诚、真挚、以情动人，达到了凝聚人心的效果，堪称取得听众情感触动的经典！

知识理解。现在我们使用的智能手机功能很强大，可是，我敢说，绝大多数人仅仅使用了智能手机不到 10% 的功能，很多功能直到换了手机都没用过，甚至压根不知道。对你来说，你使用了的功能才是有用的功能。当众表达也是一样，对听众来说，对听众有用的知识才是能让听众改变的知识。

如果我们对听众这样说：

"灭火毯或称消防被（举起事先准备的灭火毯），是由玻璃纤维等材料经过特殊处理编织而成的织物，能起到隔离热源及火焰的作用，覆盖火源、阻隔空气，以达到灭火的目的，可用于扑灭油锅火或者披覆在身上逃生。"

你觉得有多少听众会因为这段表达，在家中准备一条灭火毯？估计没有。

如果我们对听众这样说：

"如果在家中一不小心油锅起火，你该如何灭火呢？用它就可以（做用灭火毯盖住的动作）。还记得××大厦的那场大火 24 人活活被烧死，如果我们在那座大厦里该如何逃生呢？（将灭火毯裹在身上）只要准备这样东西就可以避免命丧火海。在家中准备一个灭火毯，放在好取的地方，珍爱生命，给自己一个生的机会。"

请和第一段内容做个对比，是不是就会有人产生了准备一条灭火毯的想法呢？

知识理解有两点是最基本的。

● 听众听懂了；

● 听众知道知识的用处。

当听众想改变，有了改变的意愿时，改变什么对听众来说就是需要的知识了。所以，态度认同更多地聚焦在"为什么"（Why）上，知识理解更多地聚焦在"是什么"（What）上。

知识理解，就好比是听众要从 A 地到 B 地，你给听众提供了一个地图，首先地图必须是正确的、清楚的，其次要让听众能看明白路线。

如果你想让你的听众知识理解，诺贝尔奖获得者理查德·菲利浦斯·费曼（Richard Phillips Feynman）教授给我们提供了极好的指导。

他在批评科学教育中一些无效的表达时，举了个如何阐述"摩擦发光"的例子。物理教材中把"摩擦发光"定义为：当晶体被撞击时所发的光。他一针见血地指出，这只是用一些文字说出另一些文字的意思而已。人们可以背下这个定义，却没有对这个知识的深入理解，没有人会因为这个阐述而去探索、实验，因为他们不能理解怎么做。费曼博士给出了有效表达的建议："当你在黑暗里拿把钳子打在一块糖上，你会看到一丝蓝色光。其他晶体也有此效应。"请你对比一下两种不同的阐述，他们的效果显然天壤之别，第二种阐述最大的好处就是，有人会因此"回家试着这样做"。

仔细回味费曼的建议，会让你明白知识理解的重要性。对"摩擦发光"的第二种描述，堪称取得听众知识理解，让听众发生改变的经典！

行动明确。一年前，我去参加一个健康讲座，建议每天快走 10000 步，以前也听过这种有益于健康的倡议，并不以为意。

但是，这次有所不同。

台上的学者说："想从明天起坚持每天走 10000 步的请举手。"

几乎所有人都举起了手，我自然也在内。

他接着说："请大家拿出手机，打开微信；点界面下方的通讯录，再点通讯录界面右上角带+号的人形标识，进入添加朋友；在添加朋友界面下方有公众号栏，点击进入；在搜索栏输入——微信运动；选择关注微信运动……"

以前，我对每天走多少步并不留意，现在，我会每天在微信里看走了多少步，到没到 10000 步，看看朋友们的步数，给步数多的点点赞，也会看看有哪些朋友给我点了赞。

我不得不承认，这个讲座的学者改变了我。

我在态度上绝对认同每天 10000 步有益于健康，在情感上也绝对接受每天 10000 步，在知识上绝对理解要怎样走路，但直到这位学者给了我一个明确的促进每天 10000 步的行动……至今，我依然在努力做到每天坚持走 10000 步以上。

态度认同更多地聚焦在"为什么"（Why）上，知识理解更多地聚焦在"是什么"（What）上，明确行动更多地聚焦在"怎么做"（How）上。行动明确就是听众看明白路线了，要明确是走着去，跑着去，还是坐车去，开车去。

你想让大家支持你，你想让大家买你的商品，你想让大家更能投入地工作，你想让大家听从你的建议，就应该让大家明确知道该怎样做才是对的。

从今后，我们要做好充分准备，准备承受更严重的困难。对于防御性战争，决不能认为已经定局！我们必须重建远征军，我们必须加强国防，必须减少国内的防卫兵力，增加海外的打击力量。决不屈服，决不投降！

丘吉尔的《我们将战斗到底》这个演讲是一个决心，是一次动员，即使如此宏大的演说，在结尾处依然将怎样做说得明确、清晰、充满力量，堪称行动明确的经典！

而站在当众表达者的角度，我们也有足够的力量去影响改变听众，因为人类自身就有四种力量促进改变，而且非常强大。

第一种力量，目标的力量。当一个人有了明确的目标，就会迸发出常人难以想象的力量。这种力量能够拨开迷雾，扫除困难和障碍。这种力量能提供巨大的前进动力，促使人改变现状，勇往直前。唐僧，一个手无缚鸡之力的人，有了明确的目标——到西天求取真经。于是就有了强大的力量，无论多么艰难，妖魔鬼怪也好，九九八十一难也罢，唐僧的心里只有两个字：向西！

第二种力量，情感的力量。这是一种伟大的力量，这种力量看似柔软，实则刚毅，看似无形，实则厚重，情感热烈奔放，情感含蓄深沉，爱是情感、恨亦是情感，母爱之伟大，可以创造人间奇迹，爱情之伟大，罗密欧、朱丽叶可以献出生命，哈姆雷特因为仇恨可以从懦弱变得坚强！

第三种力量，专业的力量。这种力量是智慧的力量，这种力量推动社会进步，人类的发展。这种力量让人潜心钻研，十年一剑，把奥秘变常识，把复杂变简单。专业的力量让人茅塞顿开，专业的力量让人恍然大悟，专业的力量让人精准高效，专业的力量让人追求卓越。爱因斯坦用他的专业，引导人类探索，齐白石用他的专业，带给人美的享受！

第四种力量，重复的力量。这种力量化腐朽为神奇，化笨拙为灵秀，它像水，无声之间滴穿顽石，婉转之间奔流到海。马戏团里的狗熊居然能灵巧地走钢丝，就是一遍一遍重复训练的结果，爱迪生用重复的力量发明了灯丝，愚公用重复的力量感动了天神。车轮用不断的重复至达千里，匠人用不断的重复创造出极致！

态度认同对应的是目标的力量；

情感触动对应的是情感的力量；

知识理解对应的是专业的力量；

行动明确对应的是重复的力量。

让听众发生改变，就是充分地运用了这四个方面，影响了听众，达到了当众表达的目的。

既然这四个方面对听众的改变起到如此大的影响，那么，在激发听众时也要考虑这些因素，我们完全可以借助其中的态度和情感这两个方面，去影响感染我们的听众。

如何表现态度与情感

我们在当众表达时，需要表现出明确的态度，含混不清的态度会让听众感到困惑，当众表达者所表现出的明确态度会对听众产生很大影响。

请你回忆一下，你是不是有无数次因为服务人员的态度好，而心甘情愿就埋单了？是不是也有无数次因为服务人员的态度不好，而决定再不去消费了，甚至告诉亲朋好友也不要去了呢？

我走进肯德基店，两个正在点餐的柜台前，已经有几个人在排队了，我刚刚站在队尾，只见一位工作人员快速地走到旁边的柜台里，拿开暂停服务的牌子，扬起手大声说："后面的顾客，请到这里点餐！"

这个情景我们并不陌生，你会怎么评价这名工作人员？（请你不要跟我说，这是他们的规定，这个世界有太多规定没有被遵守与执行。）

至少我们会评价："这名工作人员工作态度挺积极的。"

我们凭什么说这名工作人员的态度积极呢？因为我们看到：这名工作人员快速地走过去、拿开暂停服务牌、举起手、高声喊……他的一系列动作。

请你放松一下，再想象一个场景。

空姐送餐，被其他事干扰了一下，忘了给我，就继续向后发餐。当她再转回来时，我问她："你是不是把我给忘了？"空姐歪着头认真地看了我一会儿，面带微笑温柔地说："不好意思，我实在想不起我们在哪见过。"

笑话好笑不好笑不是重点，我们关注的是服务态度这件事，我们不得不承认，空乘的服务态度在各行业中是名列前茅的。

我们是通过什么感受到服务态度的呢？亲切的微笑、端庄的仪态、和气的言谈、一举手、一投足……

所以，能真实地体现一个人态度的不仅是他说了什么，而且要看他做了什么。就是他的肢体语言，动作和表情等。也可以说，当众表达者的动作、表情这些肢体语言直接体现的是表达者的态度，甚至超过表达者说了什么。

我们看看肢体语言、动作和表情对听众的影响究竟有多大？

在我们的训练中会做这样一个活动。我邀请所有的听众起立，用严肃的表情郑重其事地跟他们说："请按照我说的做。"接着说："伸出右手，握成拳头，举过头顶。"我一边说，一边也伸出右手，握成拳头，举过头顶。听众也都按我说的在做。我用鼓励的目光看着听众继续说："伸出右手食指，把它放在鼻子上。"

请注意，我说是放在鼻子上，但是，我却把食指放在了额头上。

我请你猜一猜，听众会把右手食指放在哪里？鼻子上？还是额头上？

在现场，我会要求听众保持最后的姿势不变，请他们相互看一看，右手食指放在哪里了？然后，我说："我一开始就要求，按照我说的做，我刚刚说把食指放在哪里？"有人回答："鼻子上。"于是，听众开始笑起来。因为他们看到绝大多数的听众把食指放在了额头上。

统计结果：平均有86%的听众会把右手的食指放在额头上，单次比例从未低于80%。

事后，我们进行听众调查发现，只有9%的听众把食指放在了鼻子上，有意思的是，这里面有4%的听众因为在后排没看见我放在额头上的动作。换言之，只有5%的听众是既听清又看清的情况下，坚持放在鼻子上了。6%的听众哪里都没放，或者是发现了说与做的矛盾，不知所措，或者是开头就没参与。11%的听众是看我做什么他们就做什么，根本没仔细听我在讲什么。74%的听众是听到我说的放在鼻子上，却依然跟着我的动作把食指放在了额头上。

我们看到，肢体语言对听众产生的影响是极大的，与听到的相比，人们更相信他们看到的。

在大量的关于当众表达的书籍或培训中，都有教授人们如何在台上使用肢体语言的内容。比如，站姿是双脚岔开与肩同宽或丁字步，双手下垂或合拢放在腹部，手势以小臂为半径上切、横切、下切，大臂以肩为轴展开、以头为基准向上、向下或收放等。并且大多引用了美国加州大学教授艾伯特·梅拉比安（Albert Mehrabian）于 1971 年所发布的研究成果，沟通效果有 55% 来自视觉的肢体语言（仪态、姿势、表情），38% 来自谈话时的声音（语气、声调、速度），仅有 7% 来自实际说出来的内容（遣词造句）。

可是，即使你记住了所有的这些动作，在台上做出这些标准动作却达不到艾伯特·梅拉比安说的那 55% 的效果。实际上，你越是刻意地按照标准动作表现肢体语言，现场效果就越差。

为什么呢？

原因在于本末倒置。你的肢体动作、表情、声音都是为了表现你的态度、情绪的。目的是感染听众，现场感是极强的，是自然流露。而刻意地做标准肢体语言，变成了为做肢体语言而做肢体语言。听众看到的是一个生硬的、虚张声势的表达者，听众的感受就是：这又是一个"欲赋新词强说愁"的新手。

不过，有一种情况值得我们注意。

有些演讲比赛，组织者邀请我担任评委，我们几位评委都在事前得到一份评分表。评分表上有评分项及每项的评分标准，诸如主题深刻、观点明确、表达流畅、时间掌控等。评委要据此逐项打分，汇总加权平均计算出参赛选手的最终得分。你能想象得出，你手中有一份这样的评分表在听演讲和作为一个普通听众会有什么不同吗？这就像一个研究食品成分的化验员和美食家的区别，化验员的眼中满是成分构成，哪些超标、哪些缺失、哪里合格、哪里不合格……他已经很难像美食家那样品尝食品的美味以及美食带来的享受了。当你带着一项任务，用审视挑剔的态度去听演讲时，已经很难像普通听众那样去感受或享受演讲的魅力了。所以，我不太在意各个评分项及评分标准，我注重的是整体的效果，最重要的标准就是能否让听众发生改变。我更想成为"美食家"，享受演讲，乐在其中。然而，当我与很多评委交流后发现，他们往往纠结于某些评分项的具体标准。在我看来，评分表只是一个工具而已，他们却成为工具的"奴隶"。这大概就是许多比赛结果，听众评出的冠军与评委评出的冠军并非是同一个人的原因吧。

在那张评分表中有一项是"精神饱满，使用肢体语言，动作、表情等"，评分标准 10 分。作为参赛选手，我劝你为了得到这个分数，就必须有非常明显的，甚至是刻意的肢体语言，以迎合评委评分需要。这就是所谓的"为了做肢体语言而做肢体语言"了。

我们所说的当众表达，不是一场比赛，你唯一的评委就是你的听众，听众手中没有评分表，但是在他们心中有一个表决器，要么你激发了听众，他们给你按通过键，要么你没有激发听众，他们懒得给你按任何键。

真正意义上的肢体语言应该是更高层面上的一种表达，是思想所达，情感所致，你的肢体语言随之而起，听众亦随之被感染，是对语言的辅助、强化、引领、升华。

因此，哪里有什么标准的肢体语言，每个人的肢体语言都具有独特性。

你不必模仿别人的手势、动作、表情、语气、语调，你有你自己的肢体语言，它就潜藏在你的身体之内。

从今天起，敲碎你一身的铠甲，摘下你的扑克脸。

你要做三件事：

第一，把它们释放出来；

第二，把它们释放出来；

第三，把它们释放出来。

如何才能把自己的肢体语言释放出来呢？

在《调整自己》一章中，我们提道："现场中让自己进入忘我……忘了自己，你就赢得了自己。"现在，为了激发听众，我们要再向前迈一步：释放自己，你就感染了自己，感染了听众。

由心而生，顺势而为，自然而然。

自我练习 1：肢体动作

如果你在我身边，我会邀请你跟我一起做个练习。现在，你必须自己来试一试，练习释放自己的肢体语言。

这个练习分为五个步骤。

第一步，请先朗读一遍下列词语：

乐观的、独立的、外向的、活泼的、有才干的、适应性强的、主动的、活跃的、有进取心的、有雄心壮志的、和蔼可亲的、友好的、善于分析的、有理解力的、有志气的、有抱负的、大胆的、有冒险精神的、有能力的、仔细的、正直的、能胜任的、建设性的、有合作精神的、富创造力的、有奉献精神的、可靠的、老练的、有策略的、守纪律的、尽职的、受过良好教育的、有效率的、精力充沛的、善于表达的、妥协的、守信的、忠诚的、直率的，真诚的、宽宏大量的、有教养的、有礼貌的、幽默风趣的、感兴趣的、公正的、有主见的、勤奋的、有独创性的、目的明确的、理解力强的、精通学问的、条理分明的、谦虚的、客观的、一丝不苟的、守时的、实事求是的、负责的、明白事理的、光明正大的、踏实的、意志坚定的、性情温和的、稳健的、孜孜不倦的、可疑的、莫名其妙的、悲观的、沮丧的、阴郁的、恐惧的、愤怒的、漠不关心的、令人作呕的、根据事实的、抱怨的、愤慨的、没有偏见的、热情的、冷淡的、认真的、傲慢的、温和的、执着的、安静的、忍耐的、宽容的、恬静的、和蔼的、嘲笑的、欣赏的、赞赏的、厌恶的、冷漠的、巴结的、负责的、积极的、上进的、敬佩的、尊敬的、温顺的、鄙视的、允许的、禁止的、喜忧参半的、毕恭毕敬的、傲慢少礼的、低声下气的、大模大样的。

第二步，请随意圈出其中的一个词语，体会并理解这个词语的内涵，这个词语就是你要向听众表明的态度。

第三步，站起身来，想象你正站在台上面对听众，请带着动作和表情把这个词语大声表达出来。不要理会表情和动作是否合适，没有对错，只是带上动作和表情而已。

第四步，从第一步开始，重复以上步骤。

这个练习并不复杂，却非常有效。当你真正地开始练习时，你会发现，你的肢体语言是如此的多种多样。许多人在练习开始之前跟我说，他们不可能边说边自然地做出肢体语言。可是，当他们一个接着一个词语练下来，我把他们做练习的录像给他们看时，他们惊呼：这是我吗？怎么会做出这么"浮夸"的动作和"恶心"的表情呢？于是，我们一起哈哈大笑。结果往往是刚开始时探讨的是如何做出动作与表情，后来探讨的是如何让动作与表情少一点、简单一点。

接下来，要给你增加点难度。

第五步，请你在上面的词语表中选出一个词语，并用这个词组成一个完整的句子或段落。比如：用列表中的第一个词"乐观的"做一个表达。

"晨曦中，一个熟悉的身影在跑道上慢跑，脸上满是自信的笑容，她就是乐观的抗癌斗士——陈老师。"

在表达时，我们要通过这个完整的句子或段落表现出整体的意思和情感，但是，一定要凸显"乐观的"这个词，说到这个词语时应加上明显的动作和表情。

来吧，你来试试看吧。

我们也可以做下面这个练习。请先熟读下面这段话。

一天清晨，我走在绿树成荫的大道上，两旁有高大挺拔松柏，也有低矮的灌木。我呼吸着新鲜的空气，听着啾啾的鸟鸣，看见正前方出现一道大门。我推开大门，发现一条蜿蜒曲折的长廊，不远处，花坛里繁花似锦，我蹲下身，深吸一口气，闻到了一股淡淡的幽香。我跑向绿油油的草坪，绊了一下，我倒在草坪上。我坐起来，打了个哈欠，伸了个懒腰，又倒下了。

你肯定发现了，这段话有些词被下划线标注出来了，我们要做的是，在读这段话时，读到有下划线的词要做出相应的动作，多做几次，你会发现你的肢体动作也很丰富。

来吧，你来试试吧。

一问一答之间。

小马笑着说："这个练习还挺有意思的，但是，没有个正确与否的标准，会不会导致我们这个肢体语言是不适合的呢？"

我答："有可能。"

小马收起笑容，有点迷茫："可是……"

我说："这有点类似你买衣服。比如，因为天气寒冷，你要添置衣服。御寒是这件衣服基本的功能，就像肢体语言的基本功能是增加感染力。只要具备正常人的理解判断能力，就不会偏差到哪儿去，你总不会去选择买一件纱裙来御寒吧？小马，你通常会去买一件什么衣服呢？"

小马说："我怕冷，会买羽绒服，比较暖和。"

我说："是所有人都选择羽绒服吗？显然不是。有的人会选择棉衣，有的人会选择皮衣，有的人会选择毛衣……"

小马插话道："还会有人会选择保暖内衣。"

我笑道："哈哈……是的。这就是我们说的每个人都有自己的肢体语言。首先要自己舒服，自己喜欢，才能谈到赏心悦目，感染听众。"

小马接着问："那为什么您刚刚说有可能不合适呢？"

我说："因为有一种情况，他担心别人会对他的新衣服品头论足，他不相信自己的选择，觉得别扭，觉得不好看，于是，整个人都不对了。当然他可以选择再换一件衣服，但如果他没有理解下面这个道理，换多少件衣服都没有用。独特的气质把普通的衣服穿成潮流，失去自我把名贵的衣服秒变校服。肢体语言于我们亦然。"

我们见过太多当众表达者，他们性格迥异，风格不一，肢体语言大相径庭，却都能表现出极强的感染力。而且，有许多在生活中羞怯、内向的人，到了台上反而能量十足，释放出一种非同寻常的心理张力，绽放出耀眼的光彩。这种张力就是内心与肢体语言的统一，内心与肢体语言的和谐反应。

你自己的手势、动作、表情、语气、语调，有着神奇的魔力，它们就藏在你的体内，被你锁在某个角落。一旦把它们释放出来，你独特的魅力就迸发出来了，你会闪闪发光。听众会被你感染，为你着迷。

自我练习2：来个表情包

每年的5月8日是世界微笑日，这是人们设立的唯一一个专门庆祝表情的节日。在组成无声语言的各个部分中，面部表情无疑具有无法比拟的感染力。

罗曼·罗兰（Romain Rolland）曾说过："面部表情是多少世纪培养成功的语言，比嘴里讲的更复杂千百倍的语言。"那么，面部表情会在多大程度上影响听众呢？

一项专门针对电视新闻主持人的表情对观众影响的研究，让我们发现了其中的一些奥妙。

电视新闻主持人的工作就是当众表达，他们的观众成千上万，他们通过表情所表现出来的偏好，会对听众的行为产生影响吗？美国锡拉丘兹大学的心理学家布赖恩·马伦在美国总统大选期间进行了一次实验。

实验人员挑选 A、B、C 三位晚间新闻节目的主持人，截取了他们播报里根与蒙代尔两位总统候选人时的录像。他们将录像的声音去掉，请志愿者观看录像并对 A、B、C 三位主持人的表情从消极到积极的程度打分。打分的情况是，A、B 两位主持人谈到里根和蒙代尔时表情分数都是中立的。C 主持人在谈到蒙代尔时，表情分数也是中立，而谈到里根时，C 主持人的表情分数高达 17.44（满分 21 分），表现为"极为积极"。进一步的实验排除了 C 主持人是习惯性的表情乐观，也就是说，C 主持人对里根"从面部表情上流露出了既真实又显而易见的偏爱。"

实验的关键部分来啦。

实验人员给各个城市按时观看晚间新闻的观众打电话，询问他们会给哪位总统候选人投票。各城市情况惊人一致，看了 C 主持人节目的观众给里根投票的概率远高于观看 A、B 主持人的概率，普遍高出 20% 以上。即便如此，布赖恩·马伦仍极为谨慎，在四年后，杜卡基斯与乔治·布什的总统竞选中，再次重复了以上实验，结果和第一次实验一样。

结论已经非常明显了，"从面部表情上流露出了既真实又显而易见的偏爱"影响了观众，改变了观众的行为。

另一位心理家，芝加哥大学认知与社会神经学中心主任约翰·卡西奥波（John T. Cacioppo）研究发现："一个人面部表情越真诚，他表达能力越强，就越吸引他人去效仿。"

面部表情对听众的影响是在不知不觉中完成的。

约翰·卡西奥波进一步研究发现：人类面部及体内的肌肉纤维可以在人无意识的情况下被激活，你还没有察觉到的时候就已经开始去效仿别人的情感了。

听众对面部表情的效仿也是在不知不觉中完成的。

许多人都深谙此道，获得极好的收效。人们这样评价美国总统富兰克林·罗斯福的演讲："满脸都是动人的表情。"极具影响力之人尚且如此，我们还有什么理由不运用表情去感染听众呢？

在当今移动互联的时代，在社交平台上有一种独特的表达情感、交流互动的方式。我们无须大段文字和语音，发一个表情图片，彼此会意，有种一个表情胜千言，无声胜有声的感觉。于是，各种表情包层出不穷，人们也乐此不疲。

你已经用过了太多各种明星的表情包，是时候给你的听众展示你自己的表情包了。

如果你在我身边，我会邀请你跟我一起做个练习。现在，你必须自己来试一试，练习拥有自己的表情包。

这个练习分为五个步骤。

第一步，如表 4-1 所示。请从表 1 中——54 个数字中，随意勾选出一

表 4-1　表情练习勾选

1	2	3	4	5	6
7	8	9	10	11	12
13	14	15	16	17	18
19	20	21	22	23	24
25	26	27	28	29	30
31	32	33	34	35	36
37	38	39	40	41	42
43	44	45	46	47	48
49	50	51	52	53	54

个数字。

好啦。接下来，劳驾，请你起来活动活动喽，架好手机，调到视频拍摄，镜头对准自己。

第二步，你勾选的这个数字就是下列词语对应的序号，找到那个词，请你不说出这个词语，只根据词意立即做出相应的表情（可以有肢体动作配合），同时，拍摄下这个"美好"的瞬间。

①开心；②高兴；③愉快；④快乐；⑤欢快；⑥欢腾；⑦得意；⑧乐呵呵；⑨笑嘻嘻；⑩兴冲冲；⑪和颜悦色；⑫兴高采烈；⑬喜上眉梢；⑭眉飞色舞；⑮眉开眼笑；⑯心花怒放；⑰大喜过望；⑱抚掌大笑；⑲欢呼雀跃；⑳害羞；㉑温柔；㉒严肃；㉓目光如炬；㉔冷酷；㉕吃惊；㉖惊愕；㉗目瞪口呆；㉘战战兢兢；㉙惴惴不安；㉚坐卧不安；㉛害怕；㉜不满；㉝不悦；㉞难过；㉟无精打采；㊱愁眉苦脸；㊲愁眉不展；㊳热泪盈眶；㊴泪如雨下；㊵老泪纵横；㊶涕泗纵横；㊷捶胸顿足；㊸痛苦；㊹生气；㊺气愤；㊻恼怒；㊼气呼呼；㊽火冒三丈；㊾义愤填膺；㊿怒火中烧；51受宠若惊；52转忧为喜；53幸灾乐祸；54苦笑。

第三步，观看你拍的视频，笑过以后，重复以上步骤，勾选、查找对应词语、做表情拍摄、观看。

第四步，找几个你满意的视频发给你的家人或朋友，告诉他们你正在做"表情达意"的练习，请他们猜一猜你要表达的词语是什么。重复以上四个步骤。

第五步，此步骤可根据个人情况选择练习。你有没有勇气做一个自己的表情包？下次在网上聊天的时候，把一个恰当的表情发出去，无论得到怎样的回应或评价，哪怕是嘲笑，都是你极大的收获，它让你的心理更强大，表情更到位。也许你的表情包就此走红，也未可知呢。

在当众表达中，我们是不是遇到过这样的情况呢？当众表达者讲了一个笑话，自己笑得前仰后合，听众一点不买账，冷眼视之。当众表达者讲了一个悲伤的故事，自己泪流满面，听众却没有被感动。我们想要拿捏好情感的尺度，让恰当的面部表情显露出来，唯有通过刻意练习和不断地实践方能做到游刃有余。

子夏问孝。子曰："色难。有事，弟子服其劳；有酒食，先生馔，曾是以为孝乎？"

孔子认为，孝顺最难的不是做了很多，而是看似简单的和颜悦色的表情。面部表情是情感的流露与表达，而情感是走心的。如果你真的能做到"满脸都是生动的表情"时，你就是一个极具感染力的人了。所以，你的每个表情都要由心而发，用你每一个真诚的表情感染听众。

人情洞察皆学问，嬉怒笑骂即文章。

来吧，让台上的自己成为一个行走的表情包吧！

自我练习3：语气语调

你听到有人跟你说：

"我恨你。"

你觉得他表达的是什么意思？

我忍不住要提醒你，请先别急着回答。如果你仅仅按照字面意思来理解，你就掉入我给设置的陷阱之中了。

什么？陷阱？

是的。陷阱。

如果说话的人歇斯底里大吼道：

"我恨你！"

这大概是新仇。

如果说话的人咬牙切齿的声音从牙缝里低沉而出：

"我恨你！"

这可能是旧恨。

但是，如果说话的人红着脸娇滴滴地说：

"我恨你……"

这就不是恨了吧，这叫"超语意的爱"，对吗？

如果说话的人眼中带泪哽咽地说：

"我——恨——你。"

这就是爱中带恨、恨中有爱了吧。

……

语文考试时，我们答：爱的反义词是恨。正确。

但是，在情感的层面，爱的反义词就不能简单地说是恨，因为有恨说明还放不下对方，没有感觉了才叫不爱了。爱的反义往往是漠不关心。

所以，这个问题并不像表面上看起来的那么简单，虽然它本身如此简单，只有短短三个字，但是，当我们给这句话加上了不同的语气语调，表达的意思就有很大不同了。

这就是我给你设置的陷阱：当众表达最大的陷阱就是没有了语气语调。

现在请你放下书，拿出手机，请给你的好朋友打个电话。寒暄过后，你跟他说：

"请你帮我个忙。你曾经学过的古诗还有记得的吗？给我背其中一首好吗？……别问为什么，什么古诗都行，你最熟练就好。好，背吧。"

我要求你在听的时候，认真体会你朋友背这首古诗的意境。比如，你朋友背的是杜甫的《春夜喜雨》，你要努力地去体会这首诗所表现的那种喜悦之情以及夜雨清幽细腻的传神风韵。

现在就去打电话吧

……

欢迎你回来。

请问：你能接收到那种喜悦之情以及夜雨清幽细腻的传神风韵吗？

或者朋友给你背诵是别的什么诗，那首诗里的意境，你能接收得到吗？

我敢打赌，当你的好朋友给你快速地叽咕一遍这首诗时，你"挣扎"着想要摆脱那枯燥的、无味的、单调的声音，去接收诗的意境，但你一定会以失败而告终。

我的目的是让你体验一次掉入"陷阱"时，听众的感受是怎样的。你做了一回听众，一个认真的、努力的好听众，你被感染了吗？你的好朋友在不知情的情况下掉进了"陷阱"。诗是最能表现情感、最有意境的文学载体了，但当它以背诵小学生作业的语气语调出现在你耳边时，也毫无意境可言了。别说去感染别人了，简直就是强大的催眠器。

难道你愿意听众有你刚才的体验吗？许多当众表达者轻易地掉进没有语气语调的陷阱，从头至尾同一个节奏、同一个声调，没有变化，听他们的表达只能让听众昏昏欲睡。这样的表达毫无生命的律动，毫无鲜活的气息，即使有着华丽的内容，也只是一只图有好看羽毛的鹦鹉标本。

所以，让当众表达自带感染力的秘诀就是，情绪弥漫、充满活力、富于变化的语气语调。正所谓：心跳不能停，语调不能平。

请你从手机 APP 喜马拉雅中搜索出《张震讲鬼故事》，听上一段，如果你的胆子太小，听几分钟即可。再搜索出《德云社相声》，听上一段。

听完后，从感受层面评价一下两种表达有何不同？

最直观的感受是表达者所营造出的氛围有很大的不同。《张震讲鬼故事》所营造出的氛围是低沉的、向下的、恐怖的。《德云社相声》所营造出的氛围是高昂的、向上的、欢快的。如果你正坐在剧场内，这种氛围会更加浓烈一些。许多时候，我们作为一名认真聆听的听众，会不自觉地被场内的整体氛围所带动，跟着一起笑、跟着一起哭、跟着一起兴奋、跟着一起喊叫……假如恰巧有一位误入者突然闯进会场，面对此情此景，他一定会惊诧于这些人的表现。

是什么让这些平时冷静斯文的听众会有如此夸张的表现呢？正是当众表达者营造的现场氛围。

那么，这种氛围又是怎么营造出来的呢？它是通过人们相同或相近的情绪营造出来的。

如果你听过"清风夜话"之类的电台节目，印象最深刻的一定是那个慢声细语，柔和温润的声音。他讲了什么内容你可能早已经不记得了，可是，那种心灵被抚慰的感觉，那种心间弥漫的悠悠情绪，回忆起来却依然那么清晰。因为，你曾被那种情绪带入，深深地不能自拔。

当有大量听众在一起时，人们很容易被当众表达者所渲染的情绪带入，相同或相近的情绪很快就能形成氛围。法国心理学家古斯塔夫·勒庞

（Gustave Le Bon）在其著作《乌合之众》中对此有过明确阐述。他认为，群体具有集体心理，在彼此情绪上相互感染，让个人不由自主地丧失理性，这时的人们非常容易接受群体提供的意见、想法和信念，并盲目地模仿群体中其他人的行为。根据庞勒的理论，在各种对群体的影响因素中，理性是放在最后的。

就在我们身边，每天都在上演着一出出被不理智的情绪所左右的闹剧。传销组织的讲演者用"自信"的声音鼓动着听众，虚假保健品经常利用集会用"真诚"的声音给老年人洗脑，某些别有用心的专家用"权威"的声音为非法牟利者站台……

希特勒把这个理论发挥到了极致，他用他那无与伦比的演讲能力煽动民众的情绪，而当群体的情绪被带到顶点的时候，也就失去了理智判断，完全听从于情绪的摆布了。

现在你知道了吧，你正在学习的是一个拥有超强能量的技能，既可以像希特勒那样去"破坏"世界，也可以像一位英雄那样去"拯救"世界。

全在你的一念之间。

现在，我请你做出一个承诺，然后才能继续阅读本书后面的内容。

请你郑重地伸出你的右手，然后把手掌放在自己心脏的位置上，庄严地对自己说：

"我承诺，我学会当众表达的技能后，一定把它应用在正义之事上，绝不做蛊惑人心，违背道德之事。"

好吧，我承认我故意把气氛搞得有点凝重。即使你没有发誓，也有权利继续读下去。

当你有了一定的当众表达的经验时，你就会发现，你完全可以把当众表达想象成是一个人将自己的思想、理念、信仰、行动转化为持续扩散的情绪，最终左右群体的过程。

我们回到听《张震讲鬼故事》和《德云社相声》上来，我们即便没有看到他们本人，仅仅是听到声音就被带入了一种情绪之中了。准确地说，是他们说话时的语气语调把我们带入了他们期望的情绪之中了。

有关当众表达的各类书籍中，凡是涉及语气语调的技巧，总是在告诉人们发音标准，声音优美，抑扬顿挫等。然而，当我们深入研究就会发现他们所倡导及练习的往往是以朗诵理论为基础，并朝着朗诵技巧的方向一路狂奔。

这样做表面上看起来并没什么不对，但是，他们忽略一个重要的事实，这样做难免沉浸于技巧之中，而忽略了语气语调的核心。

朗诵是一种艺术形式，目的是通过语言的技巧，给人们带来艺术的美感。当众表达是一种影响形式，目的是建立信任，让听众发生改变。朗诵是让听众享受，当众表达是让听众接受。

举个最简单的例子。聚会时，有人兴奋地对朋友说了这句话：

"看喜剧，还得得看开心麻花的话剧，就是好看。"

你注意到了吗？他说了两个"得"，但是，这并不影响朋友们明白他要表达的意思以及兴奋之情。对当众表达来说，这不算什么大问题，甚至听众都没有注意到。可是，对朗诵来说，这就是个大问题，甚至听众会因此皱起眉头。

在实践中，我们发现，只要你的语言能力不是太差，朗诵的技巧与当众表达的效果没有非常明显的正相关关系。相反，当你用纯粹的朗诵技巧来当众表达时，反而会影响到听众对你内容的注意力，我们判断这是因为听众过于注意你的声音的缘故吧。

我们所做的当众表达，不是播音、主持，不是朗诵。如果你的普通话标准，那是你的长处；如果你的音色优美，那是你的天赋；如果你的抑扬顿挫起伏分明，那是你的优势。我们要恭喜你，你有着极好的基础。但是，如果你的普通话没那么标准，带有点地方口音；如果你的音色不那么优美，哪怕嗓音有些沙哑；如果你的抑扬顿挫不那么分明，也没什么要紧的。你大可不必为此而妄自菲薄，也不见得要花大量的时间与精力投入到这些方面。

假如我们极力模仿那些所谓的标准的语气语调，只会让我们很努力地印证了什么叫"邯郸学步"。我们都知道古今中外，有太多发音不准确，声音不悦耳的人依然能做出极富感染力的当众表达。因为，他们掌握了语气语调的核心，他们明白发音标准、音色优美、抑扬顿挫起到的是锦上添花的作用。有"锦"，才有"花"，我们表面看，那个"花"很漂亮，实际上，那个"锦"才更重要。

那么，这个"锦"，即在语气语调上应该掌握的核心究竟是什么呢？

在我的家里，有一个智能音箱，我可以跟这个智能音箱对话。在苹果手机里，有一个Sir，同样地，我们可以跟它对话。还有一种人工智能可以把大段的文字变成语音，我们甚至可以用它来听小说。这些人工智能语音已经达到了很高的水平，声音悦耳，发音标准，甚至高级到已经有了语气语调的变化，几乎能够以假乱真了。但是，我们听下来总觉得缺点什么，缺的是什么呢？

直到有一天，我用人工智能语音听小说时，讲到"他扭过头，手捂住脸，呜呜——，哭了起来。"其中讲"呜呜——"时，智能语音发出的是像学火车的汽笛一样的声音，我一点感受不到哭的悲伤。还有类似"哈哈……大笑"，智能语音就会标准地按部就班地读出"哈——哈——"。我丝毫感受不到笑得开心。

我明白缺的究竟是什么了。是的，缺的就是情绪。

在人工智能语音中缺了作为人的情绪，它可以模仿人的语气语调，可是，你得不到情绪对你的感染。

那个"锦"，即在语气语调上应该掌握的核心就是：情绪。

语气语调表现的就是你的情绪。只有你的情绪是对的，你的语气语调才是对的。只有你的内在情绪是到位的，你的语气语调才具有感染力。

如果你仅仅希望做出一些外在的、短暂的、对听众较小的影响，你可以只做关于语气语调的发声、音色、气息等方面的练习。但是，如果你希望做出一些内在的、长久的、对听众巨大的影响，你就要学习内在情绪的把握与流露了。

所以，当我们要学习语气语调时，不能仅仅停留在表面，应该更多地深入向内，关注内在的情绪。你的语气语调应该来自你对应的情绪，而非简单的模仿与表演，正如，你恐惧时，声音会发抖，你愤怒时，语气会咆哮，你兴奋时，语调会上扬。当达到有意识的情绪，无意识的表现，我们就拥有了强大的能量和感染力了。

一问一答之间。

晶晶透过眼镜看着我："你说的是很有道理，可是，情绪是一种内在的意识，不容易把握呀。"

我说："你是要容易还是有效呢？"

晶晶略一沉吟："嗯……明白了。可是，内在的情绪比较虚无缥缈，怎么区隔呢？"

我答道："你说得很对，好在已经有人经过科学的研究，给了我们一些具体的参考。"

美国著名心理学家、精神医学博士、哲学博士大卫·霍金斯（David R. Hawkins）与诺贝尔物理学奖获得者合作，运用人体运动学的基本原理，结合精密的物理仪器，经过近 30 年临床实验和科学研究发现，人类各种不同的意识层次、内在情绪都有其相对应的能量频率指数，共分为 17 个层级。分别是：羞愧、内疚、冷漠、忧伤、恐惧、欲望、愤怒、骄傲、勇气、淡定、主动、宽容、理智、仁爱、喜悦、宁静、开悟。不同的内在情绪会有不同的当众表达状态与表现。

在羞愧的内在情绪之下，当众表达是无法进行的状态。表现为我们将说不出话，不能表达自己的想法。此时，我们最希望的就是眼前没有任何人，更别说去面对听众当众表达了。

在内疚的内在情绪之下，当众表达处于非常困难的状态。表现为语无伦次，面红耳赤，不断道歉。带有这种情绪时，我们通常不会同意当众表达，即使被迫出现在众人面前，也会如祥林嫂一般，让人可怜。

在冷漠的内在情绪之下，当众表达是无效的状态。我们可以表达很多，但不会产生任何影响，我们与听众近在咫尺，内心却远隔千里。我们也不愿在当众表达中投入精力。虽然可以传递信息，但毫无温度可言，也仅限于信息而已。

在忧伤的内在情绪之下，当众表达是消极的状态。我们可以侃侃而谈，甚至产生影响，但这种影响将消磨听众的希望。我们也可能自说自话，画地为牢，陷入这种情绪中不能自拔，而此时听众会离我们而去。

在恐惧的内在情绪之下，当众表达呈现的是过度紧张的状态。我们害怕失败，声音颤抖、双腿发软，我们会浪费掉听众给我们的机会，我们会因为恐惧而做很多准备，内容也会很丰富，然而，我们在当众表达现场也会因为恐惧让一切都无法得到正常的展现，陷入混乱。

在欲望的内在情绪下，当众表达会有两种状态。一是亢奋，极力地表现自我，从声音到肢体都容易给听众造成压迫之感；二是自我，我们太想取得当众表达的成功，导致我们只想着目标，忽略了听众，容易唱"独角戏"。

在愤怒的内在情绪之下，当众表达是失控的状态。一是对自我的失控，我们的表达变成了训斥和教训听众，大道理、形而上充斥在我们的表达内容里；二是对现场的失控，我们与听众之间的对立将成为可能，我们带有火药味的语言，会激怒部分听众，或者表面看平静如水，听众在心里早已经拂袖而去。

在骄傲的内在情绪之下，当众表达是自负的状态。我们内心里有种优越感，会不自觉地开始炫耀，会觉得高听众一等，给自己头上带上光环，期待听众的崇拜。有时这会给我们带来一些错觉，觉得我们确实很了不起。有人会把它当成自信的源泉。然而，它的可怕之处在于极易招致听众的反感，而这样的打击让我们丧失自信，甚至崩溃。假如我们遇到听众比我们强大且抵抗时，我们将无所适从，狼狈不堪。

在勇气的内在情绪之下，当众表达是积极的状态。我们开始对听众产生影响，我们表现得充满活力，观点鲜明，思路清晰，富有感染力。自信成为我们的标配，突破成为我们的动力。与听众之间的积极互动成为可能，我们的乐观和无惧使当众表达变成了一个充满挑战和乐趣的过程。

在淡定的内在情绪之下，当众表达是润物细无声的状态。我们在不知不觉中影响听众，表现为从容、自信、宠辱不惊。我们变得很有弹性，可以自如地应对各种不同的听众，不同的观点，包括反对我们的听众与观点。我们在当众表达中，不会教导听众，只是引导听众。

在主动的内在情绪之下，当众表达是互动的状态。我们能够给听众带来启发和思考，让听众获得真正的成长。表现为我们每一次的当众表达都会采取全力以赴的态度，绝不会为失败找任何借口。真诚的交流让听众对我们采取相同的方式。我们的自省能力变得很强大，在当众表达中体现在我们可以根据情况随时调整，以达到最佳效果。

在宽容的情绪之下，当众表达是自在的状态。我们能让听众收获更多、更长久。表现为我们不再追求当下表现的好坏与否，不再追求听众的好评，我们会把最真实的呈现给到听众，我们能够理解听众需求，体会听众的感受，在我们眼中听众没有对错之分，解决他们的问题并带来持久的效能成为我们的目标。

在理智的内在情绪之下，当众表达是智慧的状态。我们给听众带来的是认知世界、认知自我的智慧，我们能够在听众未知的领域帮助听众探索、提升。表现为极强的专业性和先进性，我们往往是各自领域的先驱者或领导者，在听众群体中是领先者。我们在听众那里有着极大的权威，令听众信服。

在仁爱的内在情绪之下，当众表达是幸福的状态。我们不求任何回报，只有无私的付出。表现为我们的语言中充满了世界的美好，我们无条件的爱通过每一个细微的动作和表情带给听众。我们与听众都获得极大的幸福感。

在喜悦的内在情绪之下，当众表达是完美的状态。我们具有强大的精神力量，甚至成为听众的精神支柱。表现为我们可以帮助听众摆脱精神上的痛苦，获得境界上的提升，甚至借助精神的力量平息争端、对立。我们传递给听众完美的世界及完美的创造。我们看来平平常常，而听众看来都是奇迹。

在宁静的内在情绪之下，当众表达是超现实的状态。表现为我们与听众"心有灵犀"。往往存在于当众表达的某一个瞬间，我们与听众融为一体，成为同一个人。我们甚至不受时间与空间的禁锢，感受时间凝固、世界静止，这是种超越现实接近于艺术意会的境界。

在开悟的情绪之下，当众表达是无须言的状态。可以达到永恒和流芳百世，影响无数世人。

显然，如果我们处在羞愧、内疚、冷漠、忧伤、恐惧、欲望、愤怒的内在情绪之中，那么，我们几乎无法进行积极的、有影响的当众表达。如果我们处在勇气、淡定、主动、宽容、理智的内在情绪之中，那么，我们将有机会呈现有效的、有价值的当众表达。如果我们想对听众产生更大、更久、更深远的影响，那么，我们必须追求内在的仁爱、喜悦、宁静、开悟。

我们常常说有的人气场十足，简单地说，气场就是一个人内在情绪对他人的影响，不同的情绪气场自然大不相同了，所以，想改变气场先改变内在情绪。

《亮剑》中的李云龙，在军事学院发表他的毕业论文，站在台上，声未出势已达，气贯长虹，当开始讲话时，声如洪钟，勇气十足，听众都被他的信念所感染。

德蕾莎修女（Blessed Teresa of Calcutta）于 1979 年获得诺贝尔和平奖。在颁奖大会上，德蕾莎修女走进会场的一瞬间，还未发一言，在场所有人就感受到了宁静幸福的情绪弥漫开来。她的出现使人们几乎想不起任何杂念和怨恨。当她开始演讲，会场内的听众沉浸在爱与祥和的情绪之中。

如果你在我身边，我会邀请你跟我一起做个练习。

现在，你必须自己来试一试，练习用对应情绪的语气语调进行当众表达。

这个练习分为五个步骤。

☆ 第一步

请体会对应不同的内在情绪当众表达的表现与状态，主要是对勇气、淡定、主动、宽容、理智让自己有明确的内在感受。

☆ 第二步

我为你准备了一段表达内容，请先熟读，强调一下是熟读，然后，再进行第三步。

这是一扇黑漆漆的大门，在微弱星光照映下，我依稀看到它是由厚厚的木板制成的，嵌在高大宽阔的石墙之内，门上的铆钉已经锈迹斑斑，中央的兽头衔着金属门环，闪着幽蓝色的光，显得古老而神秘。

我轻轻地推向大门，没有推动，再一用力，门轴发出"吱扭扭"的声音，划破了寂静。门里现出一道通向地下的楼梯，寒冷阴森望不到尽头。我犹豫了片刻，抬腿迈向台阶，手扶着冰冷的石壁，一级一级慢慢地向下摸索前行。不知走了多久，一个方形的出口出现在眼前，出口边缘的杂草都奋力生长，交织在一起，遮挡住了出口，只有几缕光线透过枝蔓的缝隙射进通道内。我扒开杂草，钻了出去。在起身的瞬间，我眼前豁然开朗，一座美丽的花园扑面而来。

花园里青草如茵、花团锦簇、绿树成荫、鲜果飘香。一大片玫瑰迎着阳光静静绽放，美人蕉并排而立在风中摇曳多姿，牡丹花颜色各异，每一朵都雍容华贵。我沿着青石板铺成的小径走着，两旁的梧桐树伸展着宽大的叶子，小鸟在树枝间"叽叽喳喳"的欢叫，微风轻拂，一阵桂花的香气飘过，沁人心脾。在花园的中心是一个巨大圆形池塘，里面有假山、喷泉，色彩斑斓的锦鲤在水中游来游去。我穿过一条长长的回廊，葡萄藤密密地爬上回廊上面的架子，即将成熟的葡萄一串串垂下来，触手可及。忽然，我看见在一片绿油油的竹林旁，有一座精致的小木屋。

我好奇地走进小木屋，阳光顺着窗户洒在地上、床上、沙发上、桌子上。映入眼帘的一切为什么似曾相识？这、这、这不是我小时候住的地方吗？屋内所有的一切变得熟悉起来，我抚摸着一个个物件，柔软的、坚硬的、粗糙的、细腻的……在书架前，我停了下来，抽出一个棕色的皮夹，打开对开的扣子，一张醒目的照片插在最上面，一个小孩正展开可爱的笑脸，这是我三岁时的照片啊。

一瞬间，回忆像山泉，汩汩流淌，挡也挡不住……

☆ 第三步

打开手机录音功能，录音。带着"勇气"的情绪，加入你语气语调，表达你刚才熟读的那段内容。听录音，删除，再录，重复以上步骤，直到满意为止。

☆ 第四步

按照步骤三操作，依次带着"淡定""宽容""主动""理智"的情绪，用对应的语气语调表达你熟读的那段内容。然后，听录音，删除，再录，直到满意为止。

☆ 第五步

在勇气、淡定、主动、宽容、理智之中选一个内在情绪，当讲到"一瞬间，回忆像山泉，汩汩流淌，挡也挡不住……"之后，真的开始回忆自己的童年，讲一个与这个情绪有关的真挚动人、生动有趣、感人至深的故事。那将是一段心灵之旅，你会收获很多。

我们也许不能达到更高的境界，不过，那又有什么关系呢？这个练习可以让我们向内体会自我情绪，借助表达释放情绪，向外感染听众情绪，这不正是改善我们情绪管理能力的一次难得的机会吗？

你在织你的"锦"，一旦你学会了织锦，添花也就是简单容易的事情了。在练习的过程中你有意识的内在情绪会成为你表达的指引，你会慢慢地体会到当你开始开口表达，你根本没有刻意地想要用什么样的语气语调，而你的语气语调自会顺着情绪的轨迹自然流动，流到听众那里去感染听众。

如果你觉得以上的练习，对你来说过于复杂，颇有难度，那么，我们可以先通过一种简单易行的练习来体会内在情绪的感染力。

第一步。

手机下载安装"配音秀——有声就有戏"APP。

第二步。

找一个安静的地方，在 APP 内挑选自己喜欢的素材，开始配音。

第三步。

听自己的配音，然后删除。继续配音，听、删除，直到满意为止。

湖南卫视有一档节目叫《声临其境》，每期都会邀请四位声音大咖，配音经典片段。其中第一个环节"经典之声"，听众是看不到配音的人的，但是，听众没有受到不见其人的影响，反而更能被声音所吸引、感染，发出阵阵掌声与惊叹。而能够得到高度认可脱颖而出的声音大咖，导师及听众对他评价往往都是这些方面：对人物角色把握准确、情感情绪表现到位、声音具有独特性等等。

我们并不是要达到表演的水平，我们通过这样的练习，会逐步认识自己的情绪，并对如何通过语气语调表现自己的情绪有极大的益处。

一问一答之间。

小宇问："我们应该从什么时候开始带入情绪呢？"

我说："托尔斯泰说过，文章的第一段文字决定了它的风格和基调。当众表达者一开口的语气语调就为整个表达定下了情绪之基调。"

《毛诗·大序》中有言："情动于中而行于言。"当众表达是一种口语表达，在生活中，我们无时无刻不在借助我们的语气语调来表情达意。所以，掌握了用语气语调来表现情绪、传递情绪、控制情绪，就掌握了一项强大的技能。

回顾一下：

● 肢体语言代表了态度；

● 肢体动作练习有五个步骤；

● 拥有自己的表情包五个步骤；

● 有了情绪之锦，自会添上语气语调之花。

积极参与　调动听众

电视取代了收音机，证明单纯的声音不如声音加影像；智能手机蚕食了电视的地位，证明积极参与胜过被动接受。

以听众为例

比如你要讲货币的由来：

"货币是在商品交换发展的漫长历史过程中自发产生的，是商品内在矛盾发展的必然结果。货币是商品交换发展的必然产物，是为满足商品交换的需要而产生的，所以自从有了商品交换就有了货币的萌芽，货币产生的基础也就是商品产生的前提。

商品是为交换生产的劳动产品，在什么条件下劳动产品才能为交换而生产呢？应有两个前提条件：一是社会分工。该条件下人们的劳动产品都不一样，所以需要交换。二是私有制。该条件下劳动产品归劳动者个人所有，才可能用于交换……"

你讲得很过瘾，然而，除非你告诉听众，"划重点了，以下内容是必考的。"否则，听众就会点着瞌睡头，一下、两下、三下、四下……你以为听众在表示："好！很好！我同意你的说法，完全同意！"然而，你发现，你很好地解决了听众的失眠问题。

你猛然记起："哦，我想起来了，设计内容一章中提到——让内容处在第二象限里，做到抽象思维与形象思维有效结合，听众处在左右脑都活跃的状态，听众易于接受……"

于是，你的讲法改为：

"货币是商品交换发展的必然产物，是为满足商品交换的需要而产生的。在原始社会，我们的祖先张三打猎，李四养猪，王五种粮食，赵六打鱼……他们开始有了社会分工，他们各自的劳动产品归他们所有并有了节余。这时，张三想吃粮食，就用打到的鹿去换王五的粮食，他们之间就开始交换彼此的产品，用来交换的劳动产品就是商品。但是有时候受到用于交换的物资种类的限制，张三扛着鹿去找王五换粮食，王五说，我不要鹿我想要鱼。于是，不得不寻找一种能够为交换双方都能够接受的物品，比如贝壳，这种物品就是最原始的货币。

第四章 激发听众

货币是在商品交换发展的漫长历史过程中自发产生的，是商品内在矛盾发展的必然结果。它有两个前提：一是社会分工；二是私有制。"

这就是我们前面讲过的，设计内容应该花更多精力在形象思维上，我们通过举例子，让这段表达变得生动起来，这是确定的。

但是，我问你，这样有没有激发你的听众呢？

答案是：不一定。

如果你在现场做如下操作，那么你就能激发你的听众了。

"货币是商品交换发展的必然产物，是为满足商品交换的需要而产生的。我以你们几位举个例子，可以吗？"

你对几位听众说。

"假设你们几个生活在原始社会。"

然后，指着第一位听众说：

"你是打猎的。"

指着第二位听众：

"你是养猪的。"

以此类推：

"你是种粮食的，你是打鱼的……当你们的劳动产品多到自己用不完。"

你对第一位听众说：

"你想吃粮食了，你会怎么做？你就会用猎到的鹿去找他（对第三位听众）换粮食，此时，你们交换的鹿和粮食就从劳动产品成了商品。"

你接着对第三位听众说：

"有时，你不想要他的鹿，想要鱼，于是，（指着第一位听众）你只能扛着鹿回去或去换来他想要的鱼。受到用于交换的物资种类的限制，你们不得不寻找一种能够为交换双方都能够接受的物品，比如贝壳，这种物品就是最原始的货币。

货币是在商品交换发展的漫长历史过程中自发产生的，是商品内在矛盾发展的必然结果。它有两个前提：一是社会分工；二是私有制。"

你注意到了吗？你让听众参与到你假设的一个场景中了，虽然听众并没有说话，但他们已经在这一刻有了一个角色——表演者，他们被你带入了表演，而其他听众也立刻进入一个角色——观众，他们都获得了最直观的感受，你成功地激发了听众。

给听众点任务

美国总统本杰明·富兰克林·巴特勒（Benjamin Franklin Butler，1818-1893）在自传中有一段记载，有个议员经常在他当众表达时公开反对他。于是，富兰克林想了一个办法。在一次当众表达前，他对那个议员说："您的笔能不能借我用一下呢？"那名议员答应了。神奇的事情发生了，在富兰克林的这次当众表达中，那名议员居然没有像往常那样反对他。就因为这个小要求吗？富兰克林的解释是，当我想跟某人建立关系时，我常常会请他帮我一个小忙，他一旦答应，我们的关系就会朝好的方向发展。

这件事情向我们揭示了，当我们帮了别人的忙，在心理上会产生一种优越感，觉得我们很重要，而这种优越感很容易让我们放下戒心乃至敌意。同时，在帮忙的过程中已经不知不觉地参与到了被帮忙者的事情中了，自然很容易站到一边了。

当众表达时，听众被当众表达者重视，听众觉得自己很重要会快速地激发听众参与。

在实际操作中，如何让听众觉得重要呢？

直接有效的方法是，给听众安排点任务。

"请您帮我把门关上好吗？"

"您可以帮我把资料发给大家吗？"

"请您把这句话大声读一下好吗？"

"您的××能借我用一下吗？"

"请您帮个忙，到前面来，对着大家，做这个动作……"

……

类似于上面这些任务，听众举手之劳就可完成，听众都会顺从你的，听众在这个过程中觉得自己帮了你的忙，自己很重要，你达到了你想要的激发听众的效果。并且这种示范效应会很好地带动其他听众，现场会形成开放的氛围。

即使是类似让后排的听众坐到前排来，这种有点难度的任务，只要你自然大方、坚定自信地请求加要求也是很容易实现的。你可以说：

"请后面两排的六位女士、先生起立，顺着过道走过来，在前三排的空位上就座。"

安排任务的关键在于：

（1）明确谁来做。我们只说，请后面的听众到前面就座，效果就不会太好。"后面两排的六位……"就很明确。如果说到具体某个人，如："穿黑衣服的帅哥，请你……"效果更佳。

（2）明确做什么。只说到前排就座，效果就不太好。"起立、顺着过道走过来，在前三排就座。"这么明确做什么，再能掌握好节奏，效果就会非常好了。

你给听众安排点任务，既可以是现场的即兴为之，也可以通过事前策划设计。比如，我们可以在事前准备一个有点生僻的小知识点，提到某本书时，这本书的作者是谁？提到某句话时，精确的原句是怎样的等。在当众表达的现场，我们假装记不起来了，请听众帮我们说出来，没有人能说出来就请大家用手机搜索出来，若搜索也没有搜到，那就自己公布答案吧。但是，无论怎样，这个过程激发了听众参与。

鼓舞的力量

1994 年 4 月，纳尔逊·罗利赫拉赫拉·曼德拉（Nelson Rolihlahla Man-dela）在南非不分种族的大选中获胜，成为南非第一位黑人总统。当时，南非种族主义制度刚刚结束，但是，黑人白人并未实现真正的和解，社会上充斥着种族歧视与仇恨。恰逢橄榄球世界杯将在南非举办，曼德拉期望南非跳羚队能够获得冠军。因为，之前橄榄球在南非是白人的运动，黑人是排斥的。假如这次南非队获得冠军将获得全国人民的瞩目，白人和黑人会因此团结在一起。为了激励跳羚队的队员，曼德拉决定到球队去见这些球员。

电影《成事在人》中有一段精彩呈现。曼德拉见到以队长弗朗索瓦·皮纳尔为首的队员后，与球员亲切交流，并表达了自己期望。然而，从战绩上看，南非跳羚队并没有夺冠的把握。队长弗朗索瓦·皮纳尔也明确表示对夺冠并无多大信心。曼德拉没有再强求，而是转换了话题，曼德拉依次叫着每名队员的名字，并与每名队员交谈。球员们大感意外，并且非常感动。他们没有想到，曼德拉能够知道他们的名字，对他们如此的关注和了解，他们的内心被曼德拉的真诚触动和激励到了。在那一刻，他们下定了要全力以赴夺取冠军的决心。

在南非跳羚队与新西兰队的冠军争夺战中，比赛异常激烈，一直打到加时赛。最后，南非跳羚队凭借顽强的意志战胜了对手，夺得了冠军。

当曼德拉把冠军奖杯颁发到队长弗朗索瓦·皮纳尔的手中时，在体育场内、电视机前，无论是白人还是黑人都在为南非欢呼，在南非每一座城市的大街小巷，无论是黑人还是白人都在为南非庆祝。

在曼德拉众多的传奇和轶事里，这只是其中的一件小事情，然而，从中我们却能看到曼德拉人性的光辉以及他对人性的了解。

曼德拉用一个简单的方式就极大地鼓舞了球员的斗志——记住每个人的名字。

被人记住，怕被遗忘，希望被重视，是人性。当众表达中，我们若能有机会了解到听众的名字，并在现场说出来，会起到意想不到的好效果。

"某某，非常擅长这个方面，他今天也在现场。"

"某某，就曾做过类似的项目，非常成功。"

"某某，很早就来到了会场，很感谢他积极地参与。"

哪怕你只是说：

"某某某，请你回答一下这个问题好吗？"

就会比你说：

"请你来回答一下这个问题好吗？"

效果不知要好上多少倍。

说出他们的名字的前提是你要知道他们的名字。其实，只要我们做个有心人，很多时候是可以提前得到听众的名单或一部分名单的，这时候，我们就要像曼德拉那样做好充分的准备，记住名字，了解情况，想好在当众表达的现场要怎样使用才能更好地激发听众。

爱因斯坦曾说过："如果把学生的热情激发出来，那么学校所规定的功课就会被当作一种礼物来领受。"

同样地，如果把听众的热情激发出来，那么听众也会心甘情愿地把你的表达当作一种礼物来领受。

回顾一下：

● 以听众为例，让听众成为表演者；

● 用简单的任务，让听众参与；

● 记住听众名字。

建立信任，让听众发生改变，这是当众表达者的使命，这种使命在我们的内心涌动，就像喷薄欲出的朝阳，我们坚信她必将照亮世界，我们坚信她必将带来希望，我们坚信她必将创造未来。

当众表达就是让思想与思想相连，让情感与情感相通，让生命与生命相依。当众表达的前提就是要"当众"，你面对的是众人啊，去影响他们吧，去激发他们吧，去鼓舞他们吧。

2010 年，马丁·赫肯斯（Martin Hurkens）以 57 岁祖父级的年龄参赛荷兰好声音，并夺得冠军。他优美的男高音，令人惊叹，他的声音如天籁之音涤荡人的心灵；他追求梦想的勇气，令人折服，他的奋斗就是鼓舞人心的传奇故事。而他那首《你鼓舞了我》更是深入人心，打动了无数人，感动了无数人，鼓舞了无数人。

无论何时何地，《你鼓舞了我》的歌声在我们耳边响起，都会成为激励我们不断前行的动力，是我们低落时奋进的号角，得意时警醒的海风。

当我失落的时候，

噢，我的灵魂，感到多么的疲倦；

当有困难时，我的心背负着重担，

然后，我会在寂静中等待，

直到你的到来，并与我小坐片刻。

你鼓舞了我，所以我能站在群山顶端；

你鼓舞了我，让我能走过狂风暴雨的海；

当我靠在你的肩上时，我是坚强的；

你鼓舞了我——让我能超越自己。

没有一个生命——没有生命是没有渴求的；

悸动的心在激荡中跳动不安；

但是当你来临的时候，我充满了惊奇，

有时候，我觉得我看到了永远。

你鼓舞了我，所以我能站在群山顶端；

你鼓舞了我，让我能走过狂风暴雨的海；

当我靠在你的肩上时，我是坚强的；

你鼓舞了我——让我能超越自己。

参考文献

［1］斯科特·博克顿. 演讲之禅［M］. 朱敏，包艳丽，刘珍等译. 北京：机械工业出版社，2011.

［2］乔治·莱考夫. 别想那只大象［M］. 闫佳译. 杭州：浙江人民出版社，2013.

［3］姚本先. 大学生心理健康教育［M］. 合肥：安徽大学出版社，2012.

［4］林崇德. 心理学大辞典（下卷）［M］. 上海：上海教育出版社，2003.

［5］纳弗林特，唐纳德·休伊特，约翰·威尔二世，弗兰克·多纳里. 福克斯博士讲座：教育诱惑的典范［J］. 美国医学教育杂志，1973（48）.

［6］周晓荟. "情绪传染"与中学生英语课堂［J］. 安徽文学（下半月），2011（1）.

［7］余一. 我的情绪谁做主［M］. 北京：中国华侨出版社，2010.

［8］吉诺特. 父母怎样和孩子说话［M］. 冯杨，周呈奇译. 海口：海南出版社，2005.

［9］王冠珠. 肖像印在纸钞上的瑞典女作家——塞尔玛·拉格洛夫［J］. 世界文化，2017（12）.

［10］安华. 把"如果"改为"下一次"［J］. 第二课堂，2012（6）.

［11］王豪. 公交车上的领袖［J］. 青年博览，2007（3）.

［12］奇普·希思，丹·希思. 瞬变［M］. 姜奕晖译. 北京：中信出版社，2014.

［13］费曼.别闹了，费曼［M］.吴程远译.北京：生活·读书·新知三联书店，1997.

［14］石坚.善于寻找新闻的最佳角度［J］.传媒观察，2007（5）.

［15］练性乾.南怀瑾谈历史与人生［M］.上海：复旦大学出版社，1995.

［16］奇普·希思，丹·希思.让创意更有黏性：创意直抵人心的六条路径［M］.姜奕晖译.北京：中信出版股份有限公司，2014.

［17］张学民.实验心理学（修订版）［M］.北京：北京师范大学出版社，2007.

［18］赵博.读史有学问——三千年来激荡人心的精彩讲话·中国卷［M］.北京：中国华侨出版社，2015.

［19］张则正.力透时空的演讲［M］.北京：北京联合出版公司，2017.

［20］埃莉·布劳恩·哈利.错过［J］.文学少年（中学），2014（1）.

［21］帕拉迪诺.注意力曲线［M］.苗娜译.北京：人民大学出版社，2009.

［22］沙漠.一堂阅读课［J］.深圳青年，2003（8）.

［23］马尔科姆·格拉德威尔.引爆点［M］.钱清，覃爱冬译.北京：中信出版社，2009.

［24］大卫·R.霍金斯.意念力：激发你的潜在力量［M］.李楠译.北京：中国城市出版社，2012.

［25］宋玮.金融学概论［M］.北京：中国人民大学出版社，2007.